新时代高校思想政治理论课改革创新研究

秦书生 著

东北大学出版社
·沈 阳·

ⓒ 秦书生　2023

图书在版编目（CIP）数据

新时代高校思想政治理论课改革创新研究 ／ 秦书生著. — 沈阳：东北大学出版社，2023.9
ISBN 978-7-5517-3356-4

Ⅰ. ①新… Ⅱ. ①秦… Ⅲ. ①高等学校－思想政治教育－教学研究－中国　Ⅳ. ①G641

中国国家版本馆 CIP 数据核字（2023）第 179344 号

出 版 者：东北大学出版社
　　　　　地　址：沈阳市和平区文化路三号巷 11 号
　　　　　邮编：110819
　　　　　电话：024-83683655（总编室）　83687331（营销部）
　　　　　传真：024-83687332（总编室）　83680180（营销部）
　　　　　网址：http：//www.neupress.com
　　　　　E-mail：neuph@ neupress.com
印 刷 者：辽宁一诺广告印务有限公司
发 行 者：东北大学出版社
幅面尺寸：170 mm×240 mm
印　　张：12.25
字　　数：213 千字
出版时间：2023 年 9 月第 1 版
印刷时间：2023 年 9 月第 1 次印刷
责任编辑：杨　坤　刘振军
责任校对：郎　坤
封面设计：潘正一
责任出版：唐敏志

ISBN 978-7-5517-3356-4　　　　　　　　　　　　　定　价：50.00 元

前　言

深化高校思想政治理论课改革创新，是党中央作出的重大战略部署。2019年3月18日，习近平总书记在学校思想政治理论课教师座谈会（"3·18"会议）上对新时代学校思想政治理论课建设提出了高屋建瓴的要求，为解决好"培养什么人、怎样培养人、为谁培养人"等核心问题提供了理论指导，是思想政治理论课改革创新的根本遵循。大力推动高校思想政治理论课改革创新，是落实立德树人根本任务的重要体现。

为贯彻落实习近平总书记在学校思想政治理论课教师座谈会上的重要讲话精神，2019年8月14日，中共中央办公厅、国务院办公厅印发了《关于深化新时代学校思想政治理论课改革创新的若干意见》，要求深化新时代学校思想政治理论课改革创新，贯彻落实习近平新时代中国特色社会主义思想，坚持社会主义办学方向，落实立德树人根本任务，坚持教育为人民服务、为中国共产党治国理政服务、为巩固和发展中国特色社会主义制度服务、为改革开放和社会主义现代化建设服务，培养德智体美劳全面发展的社会主义建设者和接班人。为深入贯彻中共中央办公厅、国务院办公厅《关于深化新时代学校思想政治理论课改革创新的若干意见》精神，2020年12月18日，中央宣传部、教育部制定了《新时代学校思想政治理论课改革创新实施方案》（以下简称《实施方案》），对推动新时代高校思想政治理论课改革创新作出了重要部署，标志着高校思想政治理论课改革创新进入了新阶段。

高校思想政治理论课是培育时代新人的主要渠道，也是高校思想政治教育的重要阵地。伴随着新时代的到来，高校思想政治理论课改革创新成为新时代教育发展的应有之义。高校思想政治理论课是学校思想政治教育的重要载体，进行思想政治理论课改革创新具有重要意义。

东北大学党委始终把思想政治教育工作作为一个抓手，常抓不懈。学校成立了以党委书记、校长为组长的思想政治工作领导小组、思想政治理论课建设工作领导小组，先后出台了《东北大学教职工思想政治教育实施方案》《新时代东北大学思想政治理论课教师队伍建设实施办法》等，多举措加强思想政治理论课建设。

2023年1月，东北大学印发《领导班子联系思想政治理论课教师工作方案》，提出坚持以习近平新时代中国特色社会主义思想为指导，深入贯彻党的二十大精神，紧紧围绕立德树人根本任务，践行一线规则，建立校领导班子常态化联系思想政治理论课教师制度，牢牢抓住教师队伍"主力军"、课程建设"主战场"、课堂教学"主渠道"，进一步加强新时代思政课教师队伍建设，扎实推进思想政治理论课改革创新，全面促进思想政治理论课教学提质增效，着力提升思想政治教育工作质量和水平，着力培养德智体美劳全面发展的社会主义建设者和接班人。

东北大学马克思主义学院高度重视思想政治理论课建设，思想政治理论课教师坚持不懈地传播马克思主义的科学理论，引导学生树立正确的世界观、人生观和价值观，树立中国特色社会主义的道路自信、理论自信、制度自信和文化自信，用科研、教学"双核驱动"提升高校思想政治理论课和大学生思想政治教育质量，培养学生的理论思维，打造充满活力的思想政治教育课堂。东北大学思想政治理论课教师课堂教学深入浅出、生动活泼，受到学生真心喜爱。他们始终坚持以饱满的政治热情、爱国主义情怀与充满魅力的语言，生动活泼、深入浅出地讲解深奥的理论问题。他们始终把马克思主义理论宣传与思想政治理论课教学当作事业，用马克思主义理论来说服学生，引导学生，用马克思主义信仰和知识领航青年大学生"筑梦、追梦和圆梦"。

东北大学思想政治理论课教学采取"问题开启、目标导向、焦点对话、经典品读、课堂育人"的教学模式，提高教学针对性和实效性，增强课程的说服力和感染力，受到学生的普遍欢迎。东北大学思想政治理论课教师真情投入、勇于奉献、屡创佳绩。近年来，马克思主义学院思想政治理论课教师多人多次获得教学奖励，包括首届全国高校思想政治理论课教学展示特等奖、辽宁省总工会直属高校思想政治理论课教学大赛一等奖、辽宁省思想政治理论课学科带头人、辽宁省思想政治理论课骨干教师、辽宁省高校思想政治理论课青年教师教学大赛一等奖等。

笔者长期从事高校思想政治理论课教学工作，积累了丰富的教学经验，开展了相关的教学研究，在此基础上完成了《新时代高校思想政治理论课改革创新研究》一书。这是一本系统研究当前高校思想政治理论课改革创新的专著。全书共包括五章，第一章对高校思想政治理论课的前世今生进行详细的梳理，阐述了新时代高校思想政治理论课改革创新现状，对新时代高校思想政治理论课改革的成效、问题和挑战进行了分析。第二章从战略层面阐述了新时代高校思想政治理论课改革创新的科学指引、根本遵循；第三章从教学内容层面探讨了新时代高校思想政治理论课改革创新；第四章从教学方法角度探究了新时代高校思想政治理论课改革创新的几种教学模式；第五章以系统思维为主线阐明了新时代高校思想政治理论课改革创新战略举措。

重视学生主体，激发学生热情，强调高校思想政治理论课改革创新坚持问题导向是该书的一大特色。高校思想政治理论课教学过程是一个解疑释惑的过程，问题是贯穿这一过程始终的链条，是思维活动得以发展的动机。因此，高校思想政治理论课教学要坚持问题导向，以问题为导向是马克思主义的鲜明特点，是讲好思想政治理论课的内在要求，是适应学生发展需要的时代要求。以问题为导向开展教学活动务必要坚持理论灌输与问题启发相统

一、教师主导与学生主体相统一、价值引领与重视实效相统一的基本原则。思想政治理论课教师作为立德树人、培根铸魂的主力军，应坚持以问题为导向，树立问题导向下以学生为中心的教学理念，以"问题"为线索优化教学内容体系，并基于问题式教学创新教学方法。

综上所述，《新时代高校思想政治理论课改革创新研究》一书，紧扣时代和国家发展要求，深入高校思想政治理论课实际，从高校思想政治理论课教师的素养提升、学生的成长需求观照、课程内容的融合深化、教学模式的改革创新等多层面，对提升新时代高校思想政治理论课的思想性、科学性、亲和力和针对性展开了全面而深入的策略研究，是高校思想政治理论课教师提升素质与能力的重要参考书。

秦书生

2023 年 8 月 22 日

目 录

第一章 新时代高校思想政治理论课改革创新现状 …………… 1

第一节 高校思想政治理论课相关概念概述 ………………… 1
一、高校思想政治理论课的概念形成 ……………………… 1
二、高校思想政治理论课的内涵 …………………………… 2
三、新时代高校思想政治理论课改革创新的提出 ………… 2

第二节 新时代高校思想政治理论课改革创新取得的成效 … 4
一、高校思想政治理论课得到高校的充分重视 …………… 5
二、高校思想政治理论课协同育人初见成效 ……………… 7
三、高校思想政治理论课教学方法得到创新发展 ………… 9

第三节 新时代高校思想政治理论课教学存在的问题 …… 11
一、部分高校大学生学习兴趣不高 ……………………… 12
二、部分高校课堂教学学生主体性发挥不足 …………… 14
三、部分高校思政课教师创新意识不强 ………………… 15
四、部分高校思政课教师队伍建设有待加强 …………… 18

第四节 新时代高校思想政治理论课教学面临的挑战 …… 20
一、西方敌对势力"西化""分化"战略对高校思想政治理论课
教学的挑战 …………………………………………… 20
二、信息网络化对高校思想政治理论课教学的挑战 …… 22
三、当代大学生思想观念新变化对高校思想政治理论课教学的
挑战 …………………………………………………… 23

第二章 新时代高校思想政治理论课改革创新的科学指引 …… 26

第一节 新时代高校思想政治理论课改革创新的战略擘画 …… 26

一、思想政治理论课改革创新的指导思想 …………………… 26
　　二、思想政治理论课改革创新的根本目标 …………………… 30
　　三、思想政治理论课改革创新的根本任务 …………………… 32
第二节　新时代高校思想政治理论课战略方向的精准定位 ………… 34
　　一、因事而化：解决思政课"为谁培养人"问题 …………… 34
　　二、因时而进：解决思政课"培养什么人"问题 …………… 35
　　三、因势而新：解决思政课"怎样培养人"问题 …………… 38
第三节　新时代高校思想政治理论课教师的素质要求 ……………… 40
　　一、政治要强：思政课教师政治素质要过硬 ………………… 40
　　二、情怀要深：思政课教师要保持家国情怀 ………………… 43
　　三、思维要新：思政课教师要创新教育教学方式 …………… 45
　　四、视野要广：思政课教师要有学贯中西、贯通古今的知识
　　　　储备 ……………………………………………………… 47
　　五、自律要严：思政课教师要做到言教和身教的高度统一 … 50
　　六、人格要正：思政课教师要用高尚的人格感染学生、赢得
　　　　学生 ……………………………………………………… 52
第四节　新时代高校思想政治理论课改革创新的重要遵循 ………… 54
　　一、坚持政治性和学理性相统一 ……………………………… 55
　　二、坚持价值性和知识性相统一 ……………………………… 57
　　三、坚持建设性和批判性相统一 ……………………………… 58
　　四、坚持理论性和实践性相统一 ……………………………… 60
　　五、坚持统一性和多样性相统一 ……………………………… 61
　　六、坚持主导性和主体性相统一 ……………………………… 63
　　七、坚持灌输性和启发性相统一 ……………………………… 65
　　八、坚持显性教育和隐性教育相统一 ………………………… 66

第三章　新时代高校思想政治理论课教学内容改革创新 ……………… 69
　第一节　马克思主义经典原著融入高校思想政治理论课教学 ……… 69
　　一、高校思想政治理论课教学融入马克思主义经典著作的
　　　　必要性 …………………………………………………… 70
　　二、高校思想政治理论课课堂教学融入马克思主义经典著作的

着力点 …………………………………………………………… 70
　　三、大学生课外学习阅读马克思主义经典著作要掌握的一些
　　　方法 ……………………………………………………………… 72
　第二节　党的二十大精神融入高校思政课教学 ………………… 73
　　一、党的二十大精神融入高校思政课的价值意蕴 …………… 74
　　二、党的二十大精神融入高校思政课的基本原则 …………… 76
　　三、党的二十大精神融入高校思政课的基本路径 …………… 79
　第三节　党史学习教育融入高校思政课教学 …………………… 84
　　一、深入研究党史学习教育与高校思政课的内容体系的共通点、
　　　契合点 …………………………………………………………… 85
　　二、运用叙事教学法把党史学习教育中的红色故事融入教学
　　　过程 ……………………………………………………………… 87
　　三、理论教学与实践教学同频共振协同推进党史学习教育融入
　　　高校思政课教学 ………………………………………………… 89
　　四、线上线下相结合促进党史学习教育与高校思政课教学内容
　　　深度融合 ………………………………………………………… 90
　第四节　讲好中国故事增强高校思想政治理论课实效性 ……… 92
　　一、高校思政课讲好中国故事要突出最精彩的主题 ………… 93
　　二、高校思政课讲好中国故事要注重科学把握主要内容 …… 99
　　三、高校思政课讲好中国故事要紧紧抓住三条主线 ………… 100

第四章　新时代高校思想政治理论课教学模式改革创新 …… 103
　第一节　PBL 教学模式及其在高校思想政治理论课中的运用 ……… 103
　　一、PBL 教学模式的内涵、特征与原则 ……………………… 104
　　二、新时代高校思政课运用 PBL 教学模式的意义 …………… 108
　　三、新时代高校思政课 PBL 教学模式的运用 ………………… 110
　第二节　新时代高校思想政治理论课问题导向式教学模式 …… 113
　　一、新时代高校思想政治理论课采用问题导向式教学模式
　　　的必要性 ………………………………………………………… 114
　　二、新时代高校思想政治理论课问题导向式教学遵循的原则 …… 118
　　三、新时代高校思想政治理论课问题导向式教学的实现路径 …… 121

第三节　新时代高校思想政治理论课"以学生为中心"的教学模式 …… 126

一、"以学生为中心"教学模式的内涵 ………………… 127

二、"以学生为中心"教学模式的意义 ………………… 129

三、高校思想政治理论课"以学生为中心"教学模式的特征与原则 …………………………………………… 133

四、新时代高校思想政治理论课"以学生为中心"教学模式的实现策略 ……………………………………… 136

第五章　坚持系统思维推进新时代高校思想政治理论课改革创新 …………………………………………………… 140

第一节　坚持系统思维全面提升新时代高校思想政治理论课教师的能力和素质 ………………………………………… 140

一、提升政治素养：具有坚定的政治信仰 ……………… 141

二、加强专业基础：具有广博的知识储备 ……………… 142

三、深化教学改革：具有过硬的教学能力 ……………… 143

四、严格要求自己：做到"身正为范" ………………… 144

五、提升思想品德修养：具有高尚的道德人格魅力 …… 145

第二节　坚持系统思维推进新时代高校思想政治理论课实践教学创新 …………………………………………………… 146

一、充分发挥思想政治理论课教师在实践教学中的主导性作用 ……………………………………………… 146

二、强化课内实践教学 …………………………………… 148

三、重视课外实践教学 …………………………………… 149

第三节　坚持系统思维精心设计高校思想政治理论课多媒体教学课件 …………………………………………………… 152

一、坚持系统思维设计高校思想政治理论课多媒体课件的原则 ……………………………………………… 152

二、高校思想政治理论课多媒体课件的内容设计 ……… 154

三、高校思想政治理论课多媒体课件的形式设计 ……… 155

第四节　全方位促进高校思想政治理论课教材体系向教学体系

　　　　转化 …………………………………………………………… 157
　　一、高校思想政治理论课教材体系向教学体系转化的必要性 …… 157
　　二、高校思想政治理论课教材体系向教学体系转化应遵循的基本
　　　　原则 …………………………………………………………… 159
　　三、高校思想政治理论课教材体系向教学体系转化的路径 ……… 161
　第五节　坚持系统思维协同推进高校思想政治理论课建设 ……… 166
　　一、协同推进思想政治理论课建设的生成逻辑 ………………… 167
　　二、协同推进思想政治理论课建设的作用机制 ………………… 170
　　三、协同推进思想政治理论课建设的环境支撑 ………………… 176

后　　记 ………………………………………………………………… 181

第一章　新时代高校思想政治理论课改革创新现状

中国特色社会主义进入新时代，新矛盾、新挑战对思想政治工作提出了新要求。高校思想政治理论课作为思想政治工作的主渠道要有新作为。新时代高校思想政治理论课改革创新是适应这一要求的必然选择。新时代高校思想政治理论课改革创新取得了显著成绩，同时存在一些不足。

第一节　高校思想政治理论课相关概念概述

研究新时代高校思想政治理论课改革创新，需要弄清楚几个相关问题。

一、高校思想政治理论课的概念形成

高校思想政治理论课概念的形成经历了一个历史过程。通过对《普通高校思想政治理论课文献选编（1949—2008）》《加强和改进大学生思想政治教育重要文献选编（1978—2014）》等文本梳理发现，该课程先后使用"马列主义、毛泽东思想课程""政治课""政治理论课""社会主义教育课程""马列主义理论课""马列主义课""思想品德和政治理论课""马克思主义理论课（公共课）""马克思主义理论和思想品德课""两课""思想政治理论课"等名称。直到进入21世纪，我国高校才开始明确使用"思想政治理论课"的课程名称。2004年8月26日，中共中央、国务院印发《关于进一步加强和改进大学生思想政治教育的意见》（中发〔2004〕16号）开始提及这一概念，提出"高等学校思想政治理论课是大

学生思想政治教育的主渠道"①，"05方案"由此而直接使用"思想政治理论课"的名称。此后，关于高校思想政治理论课的提法在学界逐渐固定了下来。

二、高校思想政治理论课的内涵

高校思想政治理论课概念的内涵具有丰富的内容所指。教育部印发的《新时代高校思想政治理论课教学工作基本要求》（教社科〔2018〕2号）指出，"思想政治理论课承担着对大学生进行系统的马克思主义理论教育的任务，是巩固马克思主义在高校意识形态领域指导地位、坚持社会主义办学方向的重要阵地，是全面贯彻党的教育方针、落实立德树人根本任务的主干渠道和核心课程，是加强和改进高校思想政治工作、实现高等教育内涵式发展的灵魂课程"②。该文件在对思想政治理论课已达成的"主渠道""主阵地"定位基础上，深化了对思想政治理论课落实立德树人根本任务作用的认识，并将其置于高校思想政治工作大局与高等教育大循环中，扩展了课程教育可协同的环节、途径与人员、力量等要素，尤其突显了课程在高等教育中的领航作用与特殊地位。习近平总书记在2019年3月18日召开的学校思想政治理论课教师座谈会（"3·18"会议）上强调，"思想政治理论课是落实立德树人根本任务的关键课程"③，该论断进一步丰富了高校思想政治理论课的时代内涵。

三、新时代高校思想政治理论课改革创新的提出

党的十八大以来，中国特色社会主义进入了新时代，新时代新的历史任务也对思想政治理论课（以下简称"思政课"）的建设和发展提出了新要求。2014年4月，教育部印发《关于全面深化课程改革 落实立德树人根本任务的意见》，这将是未来若干年课程改革的指导性文件，体现了对于全面深化课程改革的整体规划和要求。习近平总书记指出，要坚持把

---

① 教育部思想政治工作司. 加强和改进大学生思想政治教育重要文献选编（1978—2014）[M]. 北京：知识产权出版社，2015：266.
② 许东波，等. 高校思想政治理论课教师队伍发展报告（2017—2018）[M]. 北京：高等教育出版社，2020：325-326.
③ 习近平. 习近平谈治国理政：第三卷[M]. 北京：外文出版社，2020：329.

"立德树人作为中心环节,把思想政治教育工作贯穿教育教学全过程"①。高校立德树人的根本任务就是为中国特色社会主义培养合格的建设者和接班人,因此,培养政治信仰坚定,认同中国特色社会主义制度、理论、道路,愿意为实现中华民族伟大复兴终生奋斗的接班人,就显得极为重要。思想政治理论课是立德树人的关键课程,要引导教育大学生正确认识世界和中国发展大势,从中国共产党百年奋斗历史中,从全国人民矢志不渝探索中国特色社会主义的伟大征程和历史画卷中,把握人类文明发展的规律性,认清中国共产党的领导和中国特色社会主义在中国不断发展的人民选择性和历史必然性,培育大学生正确的政治信仰。

2019年3月18日,习近平总书记在学校思想政治理论课教师座谈会上的重要讲话,为新时代高校思想政治理论课改革创新指明了方向,提出了根本遵循,对广大高校思政课教师提出了殷切希望和要求。习近平强调:"推动思想政治理论课改革创新,要不断增强思政课的思想性、理论性和亲和力、针对性。"②

为了贯彻落实习近平总书记在学校思想政治理论课教师座谈会上的重要讲话精神,2019年8月14日,中共中央办公厅、国务院办公厅印发《关于深化新时代学校思想政治理论课改革创新的若干意见》(以下简称《意见》)。《意见》要求,深化新时代学校思想政治理论课改革创新,要全面贯彻党的教育方针,坚持马克思主义指导地位,贯彻落实习近平新时代中国特色社会主义思想,坚持社会主义办学方向,落实立德树人根本任务,坚持教育为人民服务、为中国共产党治国理政服务、为巩固和发展中国特色社会主义制度服务、为改革开放和社会主义现代化建设服务,扎根中国大地办教育,同生产劳动和社会实践相结合,加快推进教育现代化、建设教育强国、办好人民满意的教育,努力培养担当民族复兴大任的时代新人,培养德智体美劳全面发展的社会主义建设者和接班人。③

《意见》提出,加强以习近平新时代中国特色社会主义思想为核心内容的思政课课程群建设。在保持思政课必修课程设置相对稳定基础上,结

---

① 习近平. 把思想政治工作贯穿教育教学全过程 开创我国高等教育事业发展新局面 [N]. 人民日报, 2016-12-09 (1).
② 习近平. 思政课是落实立德树人根本任务的关键课程 [J]. 求是, 2020 (17): 12.
③ 中共中央办公厅, 国务院办公厅. 关于深化新时代学校思想政治理论课改革创新的若干意见 [EB/OL]. (2019-08-14) [2023-10-10]. https://www.gov.cn/zhengce/2019-08/14/content_5421252.htm.

合大中小学各学段特点构建形成必修课加选修课的课程体系。全国重点马克思主义学院率先全面开设"习近平新时代中国特色社会主义思想概论"课。博士阶段开设"中国马克思主义与当代",硕士阶段开设"中国特色社会主义理论与实践研究",本科阶段开设"马克思主义基本原理概论""毛泽东思想和中国特色社会主义理论体系概论""中国近现代史纲要""思想道德修养与法律基础""形势与政策",专科阶段开设"毛泽东思想和中国特色社会主义理论体系概论""思想道德修养与法律基础""形势与政策"等必修课。各高校要重点围绕习近平新时代中国特色社会主义思想,党史、国史、改革开放史、社会主义发展史,宪法法律,中华优秀传统文化等设定课程模块,开设系列选择性必修课程。①

为深入贯彻《意见》精神,2020年12月18日,中共中央宣传部、教育部印发《新时代学校思想政治理论课改革创新实施方案》(以下简称《实施方案》),对推动新时代高校思想政治理论课改革创新作出了重要部署,标志着高校思政课改革创新进入了新阶段。

《实施方案》的出台,体现了学校思想政治理论课建设始终坚持在改进中加强、在创新中提高的基本要求。系统深入推进习近平新时代中国特色社会主义思想进教材、进课堂、进学生头脑是贯穿其中的基本精神。②

第二节 新时代高校思想政治理论课改革创新取得的成效

党的十八大以来,习近平总书记高度重视思想政治教育工作,发表一系列重要讲话,集中阐明了思想政治理论课程创新教育教学方式的问题,为增强思政课理论性、亲和力、针对性、实效性指明了方向,为新时代思政课教师更好地落实铸魂育人、立德树人任务提供了重要遵循。全国各高校全面贯彻落实党的教育方针以及中央对思政课建设的要求,推动高校思想政治理论课改革创新,取得了一定的成效。

---

① 中共中央办公厅,国务院办公厅. 关于深化新时代学校思想政治理论课改革创新的若干意见[EB/OL]. (2019-08-14) [2023-10-10]. https://www.gov.cn/zhengce/2019/08/14/content_5421252.htm.

② 孟宪生. 新时代高校思想政治理论课高质量发展的重要部署:《新时代学校思想政治理论课改革创新实施方案》解读[J]. 思想理论教育,2021(6):12.

一、高校思想政治理论课得到高校的充分重视

进入新时代以来,全国各高校思政课的建设工作在党中央的高度重视下取得了突出成效,其中最为显著的就是思政课得到高校的充分重视。

一是党政领导亲自抓。习近平总书记指出:"学校党委书记、校长要带头走进课堂,带头推动思政课建设,带头联系思政课教师。"① 进入新时代以来,在习近平关于思想政治理论课重要论述的指引下,各高校均充分重视党政领导在思政课建设中的带头作用,充分发挥了领导干部在思想政治教育工作中的示范引领作用。例如:部分高校将学校领导班子上讲台纳入学校思想政治理论课教学计划,明确要求授课的领导干部要按照讲授内容,认真备课,撰写讲义,按时完成授课任务;部分高校要求学院领导直接参与思政课教研活动,亲自对思政课教师进行培训;部分高校领导定期就思政课的专题化教学、实践教学模式以及教学评价机制进行研讨;等等。2018年6月,东北大学出台《关于领导干部上讲台开展思想政治教育工作的实施意见》,提出要将学校领导班子上讲台纳入学校思想政治理论课教学计划。学校党委书记、校长每学期至少给学生讲授4个学时的思想政治理论课,校领导班子其他成员、各学院院长和书记每学期至少给学生讲授2个学时的思想政治理论课。2023年1月,东北大学印发《领导班子联系思想政治理论课教师工作方案》,提出坚持以习近平新时代中国特色社会主义思想为指导,深入贯彻党的二十大精神,紧紧围绕立德树人根本任务,践行"一线规则",建立校领导班子常态化联系思政课教师制度,牢牢抓住教师队伍"主力军"、课程建设"主战场"、课堂教学"主渠道",进一步加强新时代思政课教师队伍建设,扎实推进思政课改革创新,全面促进思政课教学提质增效,有效提升大学生思想政治素养,着力培养德智体美劳全面发展的社会主义建设者和接班人。

二是成立专门机构。针对我国思政课建设存在的底子薄、条件差、队伍弱等困境,部分高校积极设立思政课建设专门机构,主要包括各个高校的马克思主义学院、思想政治理论教学部、思想政治理论课建设领导小组等,有针对性地负责分管高校思政课建设的相关事宜,实行单独监管,在建设标准的细化和政策操作层面上,与高校其他课程的建设区别开来,因

---

① 习近平. 习近平谈治国理政:第三卷[M]. 北京:外文出版社,2020:331.

课施策，精准解决问题，从根本上改变了以往将思政课挂靠于其他二级教学科研机构的局面。如今，以马克思主义学院为主要代表的思政课建设专门机构在全国各个高校已经有了一个相当可观的布局，成为高校思政课教学系统中的中坚力量。2022年3月17日，教育部召开新闻发布会，介绍三年来贯彻落实学校思想政治理论课教师座谈会精神工作的进展成效。全国高校马克思主义学院由2012年的100余个发展到2021年的1440余个，中宣部、教育部重点建设37个全国重点马克思主义学院，教育部支持建设200余个优秀教学科研团队。

三是配齐配足思政课教师并提高思政课教师待遇。2019年8月14日，中共中央办公厅、国务院办公厅印发《关于深化新时代学校思想政治理论课改革创新的若干意见》，对"加快壮大学校思政课教师队伍"作出明确规定，以此为依据，各个高校高度重视思政课教师的配置和待遇，并取得了显著成效。各高校按照教育部的要求，通过社会公招、校内转岗等多种形式，从思政课教师编制核定、思政课师资的配备与选聘以及强化思政课教师队伍后备人才培养等多方面着手，千方百计配齐思政课专职教师。截至2021年底，全国高校思政课专兼职教师超12.7万人，较2012年增加7.4万人，比2018年增加5万多人，队伍配备总体达到师生比1∶350的要求。除此之外，各个高校从工资、人事、社保等方面提高思政课教师待遇，推动我国思政课教师队伍建设实现历史性突破。

四是足门足学时开设思想政治理论课。2018年4月，教育部印发《新时代高校思想政治理论课教学工作基本要求》，对高校思政课的课程门类、学时学分作出明确规定。以此为依据，各个高校开设了包括"马克思主义基本原理概论""毛泽东思想和中国特色社会主义理论体系概论""中国近现代史纲要""思想道德修养与法律基础""形势与政策"在内的思想政治理论课，保证了课程门类的全面性；除此之外，部分高校还针对课程特色和学生实际，在保证必要的理论教学学时的基础上，专门设置了实践学时，并将其纳入人才培养方案，列入课程教学计划，从而使高校思政课教学建设有了制度保障。

2020年12月18日，中央宣传部、教育部制定了《新时代学校思想政治理论课改革创新实施方案》（以下简称《实施方案》），对本科、硕士和博士阶段必修课的部分课程名称作了调整，并且要求全国重点马克思主义学院率先全面开设"习近平新时代中国特色社会主义思想概论"课，明确了课程建设的主线是了解学习、理解把握习近平新时代中国特色社会主义思想,这充分体现了课程设置的基本导向,具有鲜明的时代性。《实施方案》对"中国近现代史纲要"课的学分设置由原来的 2 学分增加为 3 学分,要求围绕马克思主义经典著作,党史、新中国史、改革开放史、社会主义发展史,中华优秀传统文化、革命文化、社会主义先进文化,宪法法律等开设选修课,并且要确保学生从"四史"中选修一门课程,这继承了"85 方案"注重社会发展史教育和"95 方案"强调理论发展史教育的传统,且更加突出"四史"学习的重要性,这有利于学生在历史的学习中深刻领悟党的思想理论的重要指导作用。①

五是集体备课、集体教研。《新时代高校思想政治理论课教学工作基本要求》特别规定,高校思政课教学科研二级机构要定期组织集体备课活动,集中研讨高校思政课在教学中的共性问题、难点问题、热点问题,促进各门课程有效衔接。根据此要求,各个高校的思政课教学专门机构长期坚持集体备课,心往一处想,劲儿往一处使,共同深化教学重难点问题研究,加强新老教师之间、不同专业背景教师之间的学习交流,互相取长补短,不仅充分发挥了集体建设思政课的整体性优势,更以全新的教学模式使思政课的质量水平得到快速提升。

二、高校思想政治理论课协同育人初见成效

习近平总书记指出:"要坚持把立德树人作为中心环节,把思想政治工作贯穿教育教学全过程,实现全程育人、全方位育人,努力开创我国高等教育事业发展新局面。"② 各个高校以此为依据推进思政课改革创新,取得了一定成效。

第一,协同育人理念得以贯彻。2021 年 9 月,中共中央办公厅印发的《关于加强新时代马克思主义学院建设的意见》指出,要牢固树立全员、全程、全方位育人理念,建立协同育人机制,体现了党中央对于协同育人工作的高度重视。综合改革思政课教育教学,加强育人的整体性、系统性、协同性已经成为改革共识。充分理解协同育人理念是贯彻落实协同育

---

① 孟宪生. 新时代高校思想政治理论课高质量发展的重要部署:《新时代学校思想政治理论课改革创新实施方案》解读 [J]. 思想理论教育,2021 (6):15.
② 习近平. 习近平谈治国理政:第二卷 [M]. 北京:外文出版社,2017:376.

人实践的基础和前提,当前各高校深入学习相关政策文件,深刻领会相关会议精神,育人理念得以初步贯彻,集中体现在以下几方面。其一,对"全员育人"重要性的认识不断加深。各个高校深刻认识到协同育人需要多元主体的积极参与,进而充分发挥育人合力。其二,对"全程育人"重要性的认识不断加强。各个高校充分认识到协同育人的贯彻落实不是一蹴而就的,而是一个需要不断在实践中得到提升进而逐步发展的过程,需要将对学生的思想政治教育一以贯之坚持下去。其三,对"全方位育人"重要性的认识得到强化。各个高校深刻理解了协同育人系统蕴含着不同平台、不同主体、不同载体,是各个要素相互作用、共同发力的整体性系统。各高校积极学习并认真把握育人理念,使育人理念得以初步贯彻,为思政课协同育人工作长效运行打下良好基础。

  第二,协同育人格局初步构建。协同育人的格局在协同育人理念贯彻的基础上得以初步构建。一是多元主体协同育人格局初步形成。高校领导重视思政课协同育人工作,统筹谋划协同育人实践活动;思政课专职教师承担起对学生进行思想政治教育的主要任务,各专业课教师将思政元素融入教学之中,辅导员密切配合相关工作;心理健康教育者以及学校其他管理人员同步参与到育人工作之中。二是部门协同育人格局初步形成。各个高校以发挥校内各部门育人优势为突破点,团结各方育人力量,形成思政课协同育人合力。高校各资源间、各力量间的相互协调配合与优势互补,并同高校教学、科研、管理、服务等工作相互衔接融合,形成多维度立体化的育德育人氛围和教育效果,真正实现全员育人、全程育人。三是课程协同育人格局初步形成。各高校充分认识到课程思政与思政课程同向同行,以课程思政深化思政课程的基础内容,以思政课程发挥课程思政的育人作用,使得二者形成协同效应。四是平台协同育人格局初步形成。各个高校除了使用传统的教学平台外,积极以数字技术赋能思政课育人,充分发挥全方位协同育人的重要作用。从育人主体到部门、课程,再到平台,多角度多方面的思政课协同育人格局初步构建,为思政课协同育人格局的形成构筑起基本框架。

  第三,协同育人实效开始凸显。随着党和国家对高校思政课协同育人重视程度的提高以及在实践层面的不断探索,思政课协同育人实效逐步凸显。首先,育人主体协同意识增强。主要表现为各方主体合作意识的增强以及主动意识的显性,在此基础上,各主体深入探索和尝试协同育人的实践模式，使协同育人的主体力量日益强大。其次，育人环节得到有效衔接。从理论到实践，从知识讲授到实践参与，思政教育教学的各个环节相互渗透，相互影响，全过程育人得到一定程度的贯彻，促进学生真正做到知行合一。最后，协同育人资源得以开发利用。从显性到隐性，从有形到无形，关于协同育人的各种资源得到充分发掘，各种育人实践活动得以开展，各种育人平台不断出现。协同育人实效性的初步凸显，充分彰显了思政课改革创新所取得的重大成就。

三、高校思想政治理论课教学方法得到创新发展

十年来，高校思想政治理论课教学改革适应教育工作的根本方针，顺应现代科技发展新潮流，不断创新教学方法，运用多种方式展开教学，取得了历史性成就。

第一，提出高校思政课教学方法的新理念。"理念是行动的先导"[①]，高校思政课教学方法的创新发展以理念创新为先导。一是提出以学生为中心的教学理念。习近平总书记强调，思想政治理论课教学"要坚持以学生为中心"[②]，指出思政课教学必须坚持以学生为中心，不仅为思政课教学方法的创新提供了方法论原则，更指明了教学方法改革的目标和方向。二是指明思政课教学的规律。习近平总书记提出了"八个相统一"的高校思政课教学规律，不仅拓宽了教学方法的领域，还提升了思政课教学方法的境界。三是提出"大思政课"的教学理念。习近平总书记创造性地提出"大思政课"的理念，将思政课教学方法的探索拓展到整个社会的大舞台和大背景之中，极大拓展了高校思政课教学方法的发展空间。

第二，改革创新促进教学方式的多元发展。新媒体科学技术的发展，更新思政课原有的教学模式。充分利用"互联网+"创新教学方法，借助新媒体的方式，采用"线上线下"相结合的教学方式，即线上使用"微课"、"慕课"、观看教学视频、扩充知识范围等探索教学新渠道，线下采用重点难点细致讲解、师生充分互动、研讨相结合的教学方式，利用网络教学补充扩展课堂教学，有效提升思政课堂内涵与质量，创造有新意、有

---

① 习近平. 论把握新发展阶段、贯彻新发展理念、构建新发展格局［M］. 北京：中央文献出版社，2021：39.

② 习近平. 思政课是落实立德树人根本任务的关键课程［J］. 求是，2020（17）：13.

深意、有活力的教学方法，使思政课堂真正"活"起来，进入一个具有现代化课堂的全新领域。在传统教学方法中，以传授法为主，表现为教师成为课堂主导，学生被动接受，随着教育现代化进程的不断推进，教育对象的主体发生着深刻的变化，应一改过去"一言堂"的教学方式，采用小班教学法、科教融合法、情境教学法、现场启发式教学法、探究教学法、论文讨论法等。2015年9月，教育部印发《高等学校思想政治理论课建设标准》，2018年4月又印发《新时代高校思想政治理论课教学工作基本要求》，两个文件均大力提倡"中班教学、小班研讨"的教学模式。对于小班教学法而言，能有效增强教学的互动性，激发学生的参与意识，让每一个学生都参与到课堂中来，交流讨论问题，进行思维碰撞，营造全员参与、全员互动的课堂氛围，教师在课堂中应选取恰当的话题与事件作深入研讨，把握学生思想动态，对学生的发言作出积极的点评、肯定、鼓励，做到循循善诱，及时总结。同时要对讨论过程中的错误观点进行纠正，加强对学生的正向引导，因此，思政课教师要做到掌控局面、驾驭课堂，对于课堂中的突发问题能游刃有余地进行处理，不能使严肃的思政课堂成为一盘散沙；科教融合法则是让学生参与课题论文的写作与收集归类整理相关资料，研究逻辑结构，增强学生成就感，真正做到学以致用、学有所成；通过多样的教学模式，提升学生思维活跃程度，让学生思考理论与事件背后的内在关联，提高批判思维能力，能够真正做到透过现象把握其内在本质与规律性，以调动学生的积极性、主动性、创造性，为学生打造想听、爱听、主动听，想学、爱学、自觉学的思政课堂。

  总之，新时代以来，思政课教学方法创新发展受到各个高校的高度重视，在各方共同努力和参与下，高校思政课教学方法在形式上实现了新的突破。全国各个高校在党中央相关政策文件的推动下，在广大思政课教师的共同探索中，形成了包括案例式、探究式、体验式、互动式、专题式、分众式、问题中心式、参与式、讨论式、对话式等多种教学形式。除此之外，各个高校积极开展以学生思政课学习成果展示为主题的系列活动，其中包括艺术作品设计、讲公开课等多种形式，不仅激发了学生对思政课的兴趣，更丰富了思政课教学的具体形式。

  第三，构筑高校思政课教学方法的新场域。思政课教学方法的创新发展,"是在一定的教学体系和社会环境生态下动态发展的"①。新时代以来,伴随着科学技术的高速发展,高校思政课教学方法的发展呈现出新的场域环境。一是从理论拓展到实践。高校思政课将我国面临的现实问题纳入思政课教学之中,实现了理论与实践的共振,拓宽了思政课教学方法创新发展的领域。二是从现实环境拓展到虚拟环境。为了适应教育手段数字化智能化的发展,高校思政课教学同时兼顾了现实环境和虚拟环境,实现了二者的融合发展。三是从直接课程拓展到间接课程。党的十八大以来,思政课深入挖掘并运用各门课程和教学方式中蕴含的思政教育元素,将不同课程、不同环境中蕴含的教学资源提取凝练,促进其与思政课协同发展,互相促进,拓展了间接教育的教育方法。

第四,产出高校思政课教学方法研究的新成果。高校思政课教学不仅总结出大量行之有效的教学方法,而且在高校思政课教学方法研究中也积淀出丰硕的理论成果。超星图书检索显示,2013—2022年十年期间,学界共出版高校思政课教学研究方面专著206部。以中国学术期刊网络出版总库为工具检索,2013—2022年十年间学界共发表思政课研究学术论文33325篇。其中,关于思政课教学研究论文25000篇,总占比约为75%。在思政课教学研究论文中,教学方法相关研究论文10532篇,占教学研究论文总和的42%。高校思政课教学方法的理论成果极大地推动了教学方法改革和创新,为高校思政课教学方法创新发展提供了有力支撑。

第三节 新时代高校思想政治理论课教学存在的问题

党的十八大以来,以习近平同志为核心的党中央高度重视思想政治理论课建设,作出一系列重大决策部署,推动高校思想政治理论课在育人方面取得了长足的进步,但仍存在一些问题。

---

① 佘双好,汤婉丽.新时代高校思想政治理论课教学方法的创新发展与展望[J].思想理论教育导刊,2023(3):111.

一、部分高校大学生学习兴趣不高

学生作为思想政治教育的对象，在高校思想政治理论课教学中起着不可替代的主体性作用。从整体上看，当前高校中部分学生对思政课学习兴趣不高，造成这一现状的因素很多。

第一，学习认知不足导致学习兴趣不高。习近平总书记强调，"思想政治理论课教学离不开教师的主导，同时要坚持以学生为中心"①。学生是思想政治理论课的主体，学生的兴趣是保证高校思想政治理论课发挥实效的内在保证，部分学生学习认知模糊导致学习兴趣不高，影响高校思想政治理论课难以入脑入心入行。一是部分学生对学习思想政治理论课的重要性认识不足。思想政治理论课是落实立德树人根本任务的关键课程和铸魂育人的灵魂课程，不可取代。思想政治理论课始终站稳"为党育人、为国育才"②的根本立场，解决好"培养什么人、怎样培养人、为谁培养人"③这一根本问题。高校思想政治理论课立足于立德树人这一根本任务，引导学生立德成人、立志成才，致力于培养合格的社会主义建设者和接班人。但是，部分高校学生对思想政治理论课在育人环节的地位和作用存在认识误区，产生各种"思政无用论""思政无聊论"等错误观点，学习兴趣不足，学习动机弱化，行为懒散怠慢，导致思想政治理论课实效也大打折扣。二是部分学生对学习思想政治理论课的知识储备不足，对政治理论缺乏系统性、科学性和全面性的了解，相关知识含量不高。而高校思想政治理论课内容丰富，理论性强，对于部分学生理解、掌握和运用相关知识比较困难，难以调动他们的学习热情与兴趣，造成他们课前不重视，课中不认真，课后不主动，影响高校思想政治理论课的教学实效性。

第二，学习目标偏差导致学习兴趣不高。习近平总书记曾勉励青年"人生的扣子从一开始就要扣好"④。大学生学习目标应该明确，不能偏航，但目前部分大学生群体中存在学习目标出现偏差的现状。一是重专业知识轻思想教育。马克思强调，社会发展的最终目标是实现人的自由全面发

---

① 习近平. 思政课是落实立德树人根本任务的关键课程［J］. 求是，2020（17）：13.
② 习近平. 高举中国特色社会主义伟大旗帜 为全面建设社会主义现代化国家而团结奋斗：在中国共产党第二十次全国代表大会上的讲话［M］. 北京：人民出版社，2022：33.
③ 同②：34.
④ 习近平. 习近平谈治国理政：第一卷［M］. 北京：外文出版社，2018：172.

展,促进全人类真正解放。习近平总书记在党的二十大报告中再次强调要"培养德智体美劳全面发展的社会主义建设者和接班人"①。然而,现实中,部分大学生只重视本专业理论知识和相关技能的掌握与学习,重心放在专业课程而忽视了思想政治理论课相关知识的汲取,期待感性体验轻视理性思考,把思想政治理论课当休闲娱乐课,忽略了思想政治理论课在综合素质培养和提升的重要意义和重大价值。二是重学科成绩轻学习过程。思想政治理论课既是一门知识类课程,更是一门实践运用课程。思想政治理论课要求贴近实际、贴近生活、贴近群众,具有很强的实践性。思想政治理论课深刻把握时代脉搏,生动展示当下的世情国情党情,不断拓展实践育人载体,潜移默化地影响着学生的价值观念和行为选择。部分学生片面追求思想政治理论课课程成绩高分和及格不挂科这一目标;同时,考研升学是大学生迈向更高学习阶段的重要过程,思想政治理论课作为考研的必考科目,作为上岸必争之领域,学生只是一味追求拿高分的技巧,而没有深入理解思想政治理论的深刻内涵。因此,他们难以深刻领悟思想政治理论课彻底的、有说服力的理论体系,更是难以激发出他们对思想政治理论课理论知识和实践教学活动的昂扬兴趣。

第三,学习获得感不强导致学习兴趣不高。思想政治理论课学习获得感主要是指学生通过参与思想政治理论课教学活动获得相关知识、技能方法和精神层面的满意的主观体验,主要包含理论知识层面、观念价值层面和行为习惯方面。一是理论知识获得感不强。大学思想政治理论课和高中的思想政治理论课存在一定差距,大学思想政治理论课要求更高,理论更深厚,但内容框架又具有相似性,使得部分大学生认为大学思政课和高中思政课一样,只是在重复高中教学的内容,知识并没有更新,导致他们对思政课的学习意兴阑珊。二是观念价值获得感不强。习近平总书记曾用价值观形成"起步期"来形容青年成长阶段,这个比喻形象生动地描绘了青年阶段是塑造正确价值观的重要阶段。同时,信息化时代各种政治主张混淆学生视线,动摇学生观点,思想政治理论课只有讲深讲透才能战胜这些观点主义,满足学生的精神需求。但是现实中,思想政治理论课教学存在"炒冷饭"现象,没能在精神层面与时俱进地答疑解惑,难以激发学生学习热情。三是行为习惯获得感不强。行为养成的关键是能够实在地获益,

---

① 习近平. 高举中国特色社会主义伟大旗帜 为全面建设社会主义现代化国家而团结奋斗:在中国共产党第二十次全国代表大会上的讲话[M]. 北京:人民出版社,2022:34.

大学生只有在日常行为选择中利用马克思主义相关理论知识成功解决现实问题，才能具有获得感。然而，思想政治理论课要求接受主体能够把相关理论知识内化于心，外化于行，这一要求的落实需要大学生时刻保持较高的政治敏锐力、鉴别力和执行力，对于部分大学生而言，难以执行，自然兴趣不高。

二、部分高校课堂教学学生主体性发挥不足

思想政治教育是一个双向互动的过程，课堂教学中教师主导性作用和学生主体性作用缺一不可。为了提高教育实效，党和国家不断推进高校思想政治理论课改革创新，在推动学生主体性发挥方面取得了明显成效，但是仍存在学生主体性发挥不足这一问题，直接影响到思想政治理论课的教学效果。

第一，部分大学生学习自主性不强。学习自主性就是在教师的指导下，在课程目标的宏观调控下，学生对学习内容、方法、过程及效果进行自我控制、自我调节和自我评价，以完成学习目标。而在高校思想政治理论课教学中，学生存在被动性和依赖性，缺乏学习的能动性和自主性。一是自我教育自主性不足。高校思想政治理论课中，学生从来不是一味被动地接受，而是思想的主动建构者。学生只有通过自我教育，才能真正消化在课程中所学习的马克思主义相关的知识内容，进而外化于实践。由于部分大学生受到传统教学模式的影响，他们习惯服从和听从，更愿意在教师带领下展开学习活动，不愿进行自主学习，缺乏自我教育意识。二是学习自律性不足。学习上的自律对处于"拔节孕穗期"的大学生而言至关重要，这一时期，他们身心发展健全，思维活跃，"最需要精心引导和栽培"[1]。大学管理较为宽松，自由时间充足，部分大学生缺少严格的外在监督，加之外界诱惑较多，容易放宽自我要求，导致思想政治理论课抬头率不高，甚至出现迟到、早退和旷课等现象。三是学习意志不坚定，急于求成。思想政治教育具有内隐性和长期性特点，贯穿人的一生。思想政治理论课的成效绝非一日之功，而是十年磨一剑之果。部分高校大学生迫切想要提升自我，一开始时，积极参与思想政治理论课的理论学习和实践活动，然而，他们却发现，学习成果不如理工科短期内即可见效，自身的世

---

[1] 习近平. 思政课是落实立德树人根本任务的关键课程[J]. 求是，2020（17）：4.

界观、人生观和价值观并没有取得明显进步,战略思维、辩证思维、历史思维、创新思维、法治思维和底线思维没有显著提高,于是丧失了学习动力,积极性被削弱,丧失了自信心和进取意识,开始"摆烂",放弃对思想政治理论课的学习和投入。

第二,部分大学生知行脱节。高校思想政治理论课的教学目的在于促进大学生把思想政治理论课相关理论知识内化与外化,最终实现知与行的统一,为实现中华民族伟大复兴厚实人才底气。但高校大学生主体性发挥仍有不足,表现为知与行脱节。一是部分高校大学生重知轻行。思想政治理论课要求广大学生学思悟践,一方面深入领会习近平新时代中国特色社会主义思想理论创新和理论创造的"道理""学理"和"哲理",知其言更知其义、知其然更知其所以然;另一方面,要求大学生能够走出校门、走入社会、走向群众,紧扣时代脉搏,勇担百年使命,落细、落小、落实社会实践。可以说,知行合一是思想政治理论课的价值旨归。然而,部分高校大学生片面地把思想政治理论课理解为知识课,只抓理论,不抓实践,对使命担当置若罔闻,最终立志不定,终不济事。二是部分高校大学生知而不行。思想政治理论课重视理论联系实际,要求学生能够深入实践、深入基层、深入社会,调研国情、党情、社情和民情,提升自身理论素养,投入第二个百年奋斗目标的伟大建设中去。绝大多数学生心怀远大抱负,立志为民报国,但是落实到实践层面问题层出不穷。他们虽然认同思想政治理论课的道德观念、价值准则和行为规范,但受到西方各种意识形态的侵蚀,有时候自我意识过强,过于以自我为中心,缺乏社会责任感,表现为知而不行。三是知错仍行。知行脱节中最为严重的是知错仍行。少数大学生坚持个人主义至上,受到享乐主义、金钱主义的驱使,不惜铤而走险,突破道德和法律的底线,轻则违反校规校纪,重则触犯国家法律法规,损害人民利益,与高校思想政治理论课的价值追求和远大理想背道而驰。

三、部分高校思政课教师创新意识不强

进入新时代,高校思政课教师队伍建设取得了历史性成就,但面对新方位、新形势、新要求,思政课教师队伍创新意识不强这一问题逐渐成为近年来高校思政课中遇到的重要问题。

第一,教学理念创新意识不强。"'理念困境'是近年来高校思政教育

'求活求变'过程中出现的主要问题,也是关键性问题。"[①] 新时代,新兴媒体迅速发展,大学生经常通过网络媒介获取各种信息知识,学生精神需求出现多元化、复杂化倾向。多元化的时代境遇一方面开拓了大学生的宽阔视野,丰富了他们的历史认知,但也对思政课教师提出了更高要求。为了适应新形势,思政课教师担当起思政课的使命任务,不断调整教学理念,真正做到用科学理论铸魂育人,讲清马克思主义理论,讲透习近平新时代中国特色社会主义思想,讲明中国共产党百年的峥嵘岁月,让学生学懂学透。但实事求是地讲,一些高校思政课教师面对新学情,仍然延续传统的教学方法,把课堂内容讲得枯燥乏味,压抑了大学生学习的主体性,影响了教学效果。如果把思政课建设仅仅停留在讲准确、不犯错的层面,必然使思政课建设的路子越走越窄、越来越演变成思政课教师自说自话的"独角戏"。一旦思政课教师的教学理念不能因事而化、因势而新、因时而进,不能站在新视角、新理念展开教学研究,那么高校思政课教师必将难以有效应对新时代新征程上思政课所面临的风险挑战,师生必将出现"代沟"和"鸿沟",这等同于放逐和消解思政课的自身价值和使命。

第二,教学方法创新意识不强。教学方法创新是高校思政课提高教学实效、提升教学质量的重要环节,然而,目前高校思政课教师在教学方法创新上仍有不足。一是网络教学媒介运用不足。近年来,随着教学方法信息化建设驶入快车道,互联网逐渐成为马克思主义理论的另一条供给渠道,成为思想政治教育必争之地,且提供了更为丰富、更具直观性和冲击力的教学手段。在抓好课堂主阵地的同时,思政课也应在课堂之外积极占领这一新阵地,教师需要掌握和运用好网络平台与学生顺利交流。新媒体技术的纵深发展,虽然给思想政治理论课带来了机遇,但是也带来了挑战。一旦教师不能充分掌握网络技术,对新方法、新手段完全不了解,思政教学课堂将难以生动活泼,教学效果更是难以实现。二是填鸭式教学方法难以面对新挑战。填鸭式教学只是把老师和书本的思想一股脑儿地灌输给学生,毫无创造性可言,扼杀了学生的学习意愿。这种"填鸭式教学"方式忽视了高校学生群体在家庭背景、教育经历和学科情况之间的差异性,弱化了思政的精准性。长此以往,思政课教育很难跟上社会发展,无法回答时代课题。

[①] 王春红,刘艳房. 新时代高校思政课教学的新困境与破解对策:基于"供给侧改革"视角[J]. 河北师范大学学报(教育科学版),2023,25(3):123.

当前，不少思政课教师科研任务重，为了片面追求教学课时，他们一味强调上课进度和速度，罔顾教学质量和效度，没有改变、完善和创新教学方法，强调课堂的系统讲授，注重概念、知识、理论的传授，忽视学生讨论、辩论等互动式教学，不注重学生的自主发掘、体验、探索和实践。从教学实践看，不少思政课教师仍然过于强调单向的灌输式教学，忽视双向的互动式教学。一些教师一味追求课时和教材内容的完成，一人唱"独角戏"，与学生沟通和交流的机会非常有限，无法了解和掌握学生的思想状况，更谈不上对学生实施有效的教育和管理；一些教师习惯于传统的黑板式教学，教学手段单一、落后；一些思政课教师则是过于依赖多媒体教学，使课堂教学成为播放视频、展示图片、宣读案例的机械过程；一些教师片面迎合某些学生的喜好，将讲授重点放在叙述一些历史人物、历史事件的"野史"上，把教学变成"故事会"，使教学内容脱离教学目标；一些思政课教师对社会实践教学的重要性认识不足，缺少对社会实践环节的设计、策划、组织和实施，使教学内容与社会生活脱节；一些思政课教师语言生硬、枯燥、乏味，提不起学生的学习兴趣。单纯的课堂静态灌输的教学形式和缺少实践的教学环节，忽略了学生学习的自主性、主体性，导致思想政治理论课教学的效果无法充分实现。

第三，教学内容创新意识不强。有效的思政课堂以与时俱进的内容体系为基础，以教师对内容的深入诠释和表现形式为依托。然而，目前部分高校教师对教学内容的创新意识不强。一是理论基本功不扎实导致教学内容难以创新。创新的基础应该是守正，也就是说高校思政课教师应该把马克思主义理论体系弄清弄懂，具有扎实的理论功底和教学科研基础，具有强大的理论自信。然而现实教学中，部分思政课教师对马克思主义认识不深、不透，难以守马克思主义之正，创教学内容之新；他们无法打开思路，推陈出新，不会结合时代前沿、世界趋势以全新理论视野、学科路径和手段方法整合教学资源，拓宽教学渠道，增强教学互动。二是教学能力弱无法创新教学内容。思政课教材体现了当代知识和精神，承载着国家的教育使命。但教材并不就是教育本身，也不等于教学活动。好的思政课教师绝不能"照本宣科"，而是要把教材所承载的知识变成可言说的、便于理解和接受的"话语"传达给学生。因此，思政课教师要始终坚持"八个相统一"，这是思政课教师在教学中应该做到的基本要求，也是对思政课教师教学能力的更高要求。思政课教师要深入教材也要跳出教材，在坚守马克思主义正确立场基础上,敢于解放思想,敢于总结经验,善于吸收借鉴,凝练出新知识要义,丰富教学内容体系,深耕新思想,推动思政课教学内容不断改革创新;否则,思政课将会陷入"参与率""体验性""获得感"不高的困境。

四、部分高校思政课教师队伍建设有待加强

办好思政课,关键在教师。党的十八大以来,中共中央就高校思政课教师队伍建设出台了系列政策,推动了高校思政课教师队伍不断壮大,然而,部分高校思政课教师队伍建设仍有待加强。

第一,高校思政课教师队伍整体素质能力有待加强。截至2021年底,全国高校思政课专兼职教师超过12.7万人。[1] 在取得数量和规模迅速发展的同时,高校思政课教师队伍也存在素质能力有待加强的问题。一是综合素养有待加强。原则上,高校思政课教师必须具备良好的政治素质、思想素质、道德素质、知识素质、能力素质和生理心理素质。[2] 为了满足国家规定的师生严格配比,部分高校不得不从社会科学其他专业引进专兼职教师从事思想政治理论的科研和教学工作。由于这部分思政课教师非本专业出身,有的政治立场不够坚定,主动协调意识不足,知识素养和专业技能亟待提高。二是教学转化能力不足。一方面,教学实践转化为科研成果能力不足。科研能力是高校教师应具备的基本能力,广大高校思政课教师要从实践中来到实践中去,及时跟踪学生思想动态、学科前沿研究、社会热点难点、国家大政方针,把调研实践转化为科研成果,为国家发展和学科建设建言献策。但令人担忧的是,部分高校教师过于注重教学工作,忽略了科研工作;过于注重"现实",不重成果"转化",为了科研而科研,只见"文章"不见"真章",极大阻碍了学科建设与发展。另一方面,教学内容转化为教学实践能力不足。教师需要处理好内容多、理论深、课时少之间的矛盾。教师应该根据教学目标和学情分析合理地搭配课时内容,转化话语表达,实现学术话语、政治话语向教学话语的表达,提高教学实践水平。但不得不承认,部分高校思政课教师存在"重科研,轻教学"、过度"娱乐化"的理论性不足和过于理论而缺乏趣味性的问题,导致教学内

---

[1] 樊未晨. 全国高校思政课专兼职教师超12.7万人[N]. 中国青年报, 2022-03-18 (2).
[2] 陈万柏, 张耀灿. 思想政治教育学原理[M]. 3版. 北京: 高等教育出版社, 2015: 155-165.

容针对性、可信性、说服性不强，让思政课陷入"水课"的困境。

第二，高校思政课教师队伍建设体系有待加强。高校思政课教师队伍建设体系涵盖多个方面，是在实践过程中依据一定的规范和秩序建立发展而成，保障各个环节之间的有效运行。当前，在多重因素的叠加影响下，高校思政课教师队伍建设体系存在着队伍建设重视度不足和队伍建设落实不到位等问题。一是队伍建设重视度不足。党的十八大以来，党和国家高度重视思想政治理论课，尤其重视思政课教师能够成为"铸魂育人的中坚力量"，极大改善了思政课教师队伍的数量和质量。但实事求是地讲，对思政课教师队伍建设重视程度仍有不足。有的高校没能从战略高度加强思想政治理论课教师队伍建设，没有把建设好思政课教师队伍看成全面贯彻党的教育方针，没能充分认同思政课教师队伍在维护主流意识形态方面的作用，存在"重理轻文"观念，导致思政课教师的地位没有得到充分尊重，甚至在提高待遇、科研立项和评优晋升上被边缘化。二是队伍建设落实不到位。首先，准入制度不够健全。健康合理的准入制度是打造一支"专职为主、专兼结合、数量充足、素质优良"[①] 教师队伍的前提条件。高校要严格按照思政课教师准入制度，严把思政课教师政治关、师德关、业务关，明确思政课教师任职资格与条件。但不得不承认，近年来，由于高校几次扩容，思政课教师队伍出现了数量缺口，为了缓解师资力量紧张，有的高校准入标准片面化，政治素养、专业能力、师风师德把关不严，给思政课教师队伍造成不良影响。其次，培训方式不够科学。高校教师时间紧、任务重是基本常态；但培训时间、地点安排不够合理，导致实际到场参与培训的教学人员不多，制约了教师队伍的接续发展。最后，考核评价体系不够合理。考核体系是"指挥棒"，也是"助推器"，关乎思政课教师队伍的稳定性。然而，部分高校存在评价理念滞后、评价内容片面、评价体系不完善等问题，没能在高校教师思想政治工作中发挥正面激励和导向作用。

思想政治理论课建设作为新时代一项基础性、长期性、全局性的系统工程，并不能一蹴而就、一蹴即至。只有坚持党和国家政策方针，坚持以习近平新时代中国特色社会主义思想为指导，聚焦立德树人根本任务，研究思想政治理论课在新时代直面的新情况、新问题，才能推动教学模式的

---

① 习近平. 思政课是落实立德树人根本任务的关键课程[J]. 求是，2020（17）：15.

改革创新，推动思政课建设向纵深发展，也才能办好让人民满意的教育。

第四节　新时代高校思想政治理论课教学面临的挑战

　　进入新时代，中国正处于重大的、全面的和深刻的转型期，不仅经济领域、政治体制、社会形态在深度调整，文化也正处于重构、复兴和再生的关键期。西方发达资本主义国家利用互联网开放性特征，极力向中国传播西方资产阶级的意识形态。在当前的高校大学生中，"00后"一代成为主体。他们成长在新时代，对我们党和国家的奋斗与发展历程、对改革开放进程中的攻坚克难缺乏直观认知；受经济结构转型、科技飞速发展、中西方文化交融等因素的影响，当代大学生的思想观念呈现多元化态势。因此，新时代高校思想政治理论课教学面临着新挑战。

一、西方敌对势力"西化""分化"战略对高校思想政治理论课教学的挑战

　　当今世界正经历百年未有之变局，国际形势风云突变，全球治理体系发生深刻变革。伴随着中国综合国力的增强，西方国家打压遏制中国的态势更加明显。特别在苏联解体之后，国际共产主义运动遭遇空前挫折，暂时处于低潮，以美国为首的资本主义国家借机抹黑、歪曲马克思主义，企图用各种反马克思主义和反社会主义思想攻占我国社会主义意识形态的阵地。随着网络时代的到来，各种社会思潮接踵而至，西方国家通过互联网宣扬西方价值观，进行意识形态渗透，从而破坏我国民族团结，瓦解我党执政根基的意图更为明显，手段更加隐蔽。

　　习近平总书记在党的二十大报告中指出："马克思主义是我们立党立国、兴党兴国的根本指导思想。实践告诉我们，中国共产党为什么能，中国特色社会主义为什么好，归根到底是马克思主义行，是中国化时代化的马克思主义行。"[①] 在社会主义现代化进程中推进马克思主义中国化，就是要将马克思主义基本原理与中国实际、中华优秀传统文化相结合，形成具

---

① 习近平. 高举中国特色社会主义伟大旗帜 为全面建设社会主义现代化国家而团结奋斗：在中国共产党第二十次全国代表大会上的报告［M］. 北京：人民出版社，2022：16.

有中国特色的理论体系。因此掌握并运用好马克思主义基本原理的核心内容，是党和国家开展各项工作的重要前提。作为中国特色社会主义事业的建设者和接班人、中华民族的未来，青少年学子在推进社会主义现代化、实现中华民族伟大复兴进程中的地位与作用不言而喻。因此，当代大学生也成为西方意识形态渗透、腐朽文化攻击的主要对象，这也为高校思政课带来了挑战。我们应认清社会主义与资本主义仍将长期共存，但这种共存下包含着合作与对抗。应当承认，资本主义在发展中创造出一些值得借鉴和利用的科技、文化资源，可以在推进中国式现代化道路中适当融入。但对于大学生来说，未经正确引导而盲目接触西方文化，容易偏离正确轨道，沉迷于享乐主义、极端个人主义和精致利己主义等西方文化糟粕，受宗教势力诱导，奉其为人生信条，价值观扭曲，言行极端，既损害自身的成长发展，又影响社会主义核心价值观的培育和践行[①]，对国家的发展造成极大影响。大学校园作为人才的摇篮，担负着培养人、塑造人、改变人的重要任务，关键就是要加强爱国主义教育，引导青少年找到正确的人生方向，提高辨别是非的能力，能够运用马克思主义的立场观点方法观察世界，分析问题、解决问题。因此，各高校必须加强思政课建设，培养理论功底扎实、理想信念坚定的师资队伍，将立德树人作为根本任务，认真分析、辩证看待西方文化，抵制落后、腐朽文化，谨防敌对势力"西化""分化"，为此必须加强中国共产党的领导，巩固马克思主义在高校意识形态中的主导地位。

习近平总书记强调："在坚持马克思主义指导地位这一根本问题上，必须坚定不移，任何时候任何情况下都不能有丝毫动摇。"[②] 严峻紧迫的发展形势要求我们必须加强对大学生的思想政治教育，做好意识形态工作，牢牢把握马克思主义在思想领域的主导地位，讲好中国故事，传播好中国声音。高校思想政治工作者要引导好校园舆论走向，将思想政治教育工作扎实落实到高校工作的各个方面，营造规范有序的校园环境，净化校园生态，培养担当民族复兴大任的时代新人。

---

① 孙杨，沈丰丹. 思政教育工作面临的挑战与教育教学对策[J]. 中学政治教学参考，2022（40）：106.
② 习近平. 在庆祝中国共产党成立95周年大会上的讲话[N]. 人民日报，2016-07-02（3）.

二、信息网络化对高校思想政治理论课教学的挑战

习近平总书记强调:"要运用新媒体新技术使工作活起来,推动思想政治工作传统优势同信息技术高度融合,增强时代感和吸引力。"① 如今,互联网技术愈发成熟,成为人们日常学习、娱乐的重要工具,是人们获取信息的主要方式。大学生可以通过网络随时观看名师视频,浏览国内外新闻,发表自己的观点,使其独立思考的机会大大增加。同时,我们应辩证分析事物的利弊优劣,把握矛盾的主要方面。互联网带给学生极大便利的同时,也极易使人产生依赖,分散注意力;网络中的部分观点存在一定片面性,甚至颠倒是非,会影响人们的判断与选择;海量信息中混杂着不良诱导,危害大学生的心理健康。因此,信息网络化在一定程度上改变了学生的思维方式,使得教学模式发生相应变化,为高校思政课教学带来挑战。

首先,网络信息化对思政课教师的主导地位造成一定冲击。在长期以来的思政课教学中,教师作为课堂知识的传授者,始终占据着主导地位。但从目前来看,学生可以通过网络获取大量的知识信息,掌握更为丰富的学习资源,自主学习能力大大增强,想法观点更加超前,提出的问题更加深刻。这就要求思政课教师必须改变传统教学方式来适应学情的变化。其次,通过网络教学平台开展思政课教学,学生学习的自主性大大增强,这也对学生的自律能力、自控能力提出了较高要求。面对多元、多样、多变、富有煽动性的网络思潮,加之各类网络游戏、视频、图片吸引,极易分散学生注意力,学习质量受到影响,完成学习任务的难度加大。最后,传统教学模式难以匹配网络教学平台,思政课传统教学模式多为教师讲解理论知识、学生听讲,"满堂灌"的教学模式使得学生难以有真正的收获,学习积极性不足,对学科产生厌倦心理。引入网络教学平台虽能弥补这一不足,但劣势同样显而易见,许多教师无法把握网络资源特点与规律,接受新技术的节奏较慢,难以发挥网络教学平台的最大化效用。②

针对上述问题,为了更好地顺应时代的发展,高校应不断探索创新教学模式,充分利用现代新媒体中的网络技术、通信技术,建立高校学生思

---

① 习近平. 习近平谈治国理政:第二卷[M]. 北京:外文出版社,2017:378.
② 李汝璐. 网络教学平台对思政课教学的影响[J]. 中学政治教学参考,2023,893(5):89.

想政治教育系统的媒体联络机制、媒体应对机制，提升思想政治教育的媒体应用技术水平。对于高校来说，要利用好网络媒体资源开展好思想政治教育。通过网络点击感应、数据信息定位、网络空间定位等方法，思想政治教育管理者可以通过网络实现对管理对象的动态观测与追踪，更快更便捷地掌握所需信息。在传播过程中同时注意监督预测，通过关联信息和现实发展实时把握管理对象的思想脉搏、发展趋势，预测不良倾向并迅速作出反应。充分利用线上线下不同平台，整合不同的人和资源，根据地区优势、专业特色和现实选题推出价值与趣味并存的精品课程，并以适合的形式在适合的平台呈现并传播。与此同时，紧密结合当前国内国际热点问题，定期开展以马克思主义为指导的不同专题的"党课""团课"，加强爱国主义、集体主义教育，坚持理论与实践相结合，引导广大青少年、学生党员干部在做中学，在学中悟，提升思想境界，提高自身素质。

大学生思想政治教育的本质是一项培养人的工作。作为思想政治教育工作者，一方面要做好调研，了解每一名学生的实际情况，直面学生的疑虑困惑，努力拉近师生距离；另一方面需要对收集来的信息进行整合，作出有针对性的信息反馈。因此，高校思想政治教育应合理利用新媒体技术所提供的信息交流平台，从而实现与大学生的信息交流、信息互动。高校思想政治教育者要充分利用新媒体技术的有利条件，加强与学生的互动交流，及时掌握学生的思想动态，根据具体问题进行具体分析，快速合理地满足学生诉求，解决相应问题。

三、当代大学生思想观念新变化对高校思想政治理论课教学的挑战

随着改革开放不断深入，我国社会结构、社会观念发生深刻变化，在这一过程中，大学生作为亲历者、受益者思想更加超前，主体意识不断增强，价值取向逐渐多元化，由此导致纷繁复杂的多样化社会思潮在高校铺展开来，在课堂、网络和舆论等不同阵地中频繁出现并愈演愈烈，这对思想政治理论课话语权产生了强烈的冲击。事实上，无论是教师还是学生，都不同程度地受到了西方价值观的影响，都无法脱离现实环境而生存。但考虑到学生的世界观、人生观、价值观还处于形成阶段，因此，高校思想政治教育工作开展的必要性就更为突出，挑战难度也明显增强。大学生思

想观念的变化归根到底是由社会存在决定的，因此，思政教育工作者应理性看待，合理应对。

当代大学生思想观念特点主要表现在：好奇心强烈，有较强的问题意识、社会参与感，对涉及国家利益的政治经济事件、热点新闻较为关注；思维跳跃发散，想象力丰富，热衷于发表自己的看法观点。当代大学生在信仰选择上更加多元化，理想信念模糊，政治参与动机多样。对于国家大政方针政策缺乏明确认识，大学生政治参与行为处于被动当中，参与的方式具有非正式性。对于中华优秀传统美德，大学生由于长时间学习接触，因此有着较为清晰的认识，但是在道德观念转化为道德行为时，却存在一定的"脱节"现象，没有真正去践行传统美德。对于法律法规，大学生拥有基本的认识，具备一定的法治观念，深知触犯法律的后果，但也存在"知法犯法""突破红线"的违法行为，轻则规范引导，重则需要法律机关的介入。在日常学习生活中，大学生也存在一些问题。首先，自我管理与自制力欠缺。受家庭环境影响，部分学生在面对问题、困难时，心理、行为上更多选择依靠他人的帮助完成，缺少独立实践的能力；面对不良诱惑时，缺乏理性判断，没有继承与发扬中国共产党艰苦奋斗的优良传统，只追求个人享受，放纵自我，最终误入歧途，自毁前程。其次，目光不够长远，人生目标模糊，忧患意识较差，未将自身前程与国家发展联系起来，没有进行明确的人生规划；理想信念不够坚定，对马克思主义缺少全面认识与理解。再次，心理承受能力较差，缺乏辩证看待问题的能力，面对困难多选择逃避，容易放弃。最后，受我国人口规模、教育模式的影响，大学生在短时间内获取了大量的知识，但从本质上看，只是碎片化地记忆学习，没有系统地理解，最终无法真正融入到大学生的知识系统中。长此以往，不利于大学生综合素质的提升，反而对学生造成认知负担，阻碍了大学生自身的发展。

马克思指出："一个人的发展取决于和他直接或间接进行交往的其他一切人的发展。"① 针对大学生思想观念变化以及存在的问题，要大力加强思政课建设，培养理想信念坚定、理论功底扎实的师资团队，建立健全相关制度规范，努力营造良好的社会氛围。从教学方法上看，高校教师应注重把握从问题意识到问题逻辑的路径，合理引导学生，站在学生的角色、

---

① 马克思，恩格斯. 马克思恩格斯全集：第三卷［M］. 中共中央马克思恩格斯列宁斯大林著作编译局，编译. 北京：人民出版社，1960：515.

立场上,设身处地、将心比心,以学生的问题为抓手,才能选取合宜的方法。① 在将教材内容向教学体系转化过程中,高校教师应该坚持问题导向,能够以学生的视角提出问题,反复思考打磨教案,不断总结教学实践中积累的经验,面对不同情况做好充足准备。另外,高校教师要引导广大学生继承与发扬民族的优秀文化传统和党的优良传统,借鉴人类社会创造的一切文明成果,不断提高思想道德素质。在推进社会主义现代化的进程中,必须大力发展教育,培养所需人才。教育类型、教育群体虽不同,但其教育工作都具有复杂性,都需面临新的挑战。新时代新征程新时期大学生的教育管理,应在坚持党中央关于教育的路线方针政策前提下,真正做到以学生为中心,从实际出发,用心呵护与培养大学生,为他们提供更大的发展空间和平台。

高校思想政治教育是一项立足当下、面向未来培养人的活动,它面向的不仅是学生的未来,也是国家的未来、民族的未来、人类的未来。面对全面深化改革的新形势、新挑战,高校思想政治理论课应根据变化发展的国情不断调整,将党的二十大精神融入思政课教学,坚持问题导向,一切从实际出发,克服风险挑战;始终做到以学生为主体,更好地满足学生发展过程中的需要,为国家现代化建设培养所需人才。

---

① 陈殿林. 从问题意识到问题逻辑:"中国近现代史纲要"教材体系向教学体系转化路径研究[J]. 思想理论教育导刊, 2011 (7): 77.

第二章 新时代高校思想政治理论课改革创新的科学指引

党的十八大以来,习近平总书记高度重视思想政治理论课建设,围绕思想政治理论课在多次会议上发表重要讲话。习近平总书记关于思想政治理论课的重要论述涉及思想政治理论课建设的根本任务、根本目标、中心环节、根本遵循等多个方面,是新时代思想政治理论课的基本要求、理论指南和行动纲领,是新时代思想政治理论课改革创新的科学指引。

第一节 新时代高校思想政治理论课改革创新的战略擘画

习近平总书记关于思想政治理论课的重要论述涉及思想政治理论课建设的根本任务、根本目标、中心环节等多个方面,是新时代高校思想政治理论课改革创新的战略擘画。

一、思想政治理论课改革创新的指导思想

深化新时代学校思想政治理论课改革创新的指导思想是:"全面贯彻党的教育方针,坚持马克思主义指导地位,贯彻落实习近平新时代中国特色社会主义思想,坚持社会主义办学方向,落实立德树人根本任务,坚持教育为人民服务、为中国共产党治国理政服务、为巩固和发展中国特色社会主义制度服务、为改革开放和社会主义现代化建设服务,扎根中国大地办教育,同生产劳动和社会实践相结合,加快推进教育现代化、建设教育强国、办好人民满意的教育,努力培养担当民族复兴大任的时代新人,培

养德智体美劳全面发展的社会主义建设者和接班人。"①

中共中央宣传部、教育部印发的《新时代学校思想政治理论课改革创新实施方案》指出：大学阶段的思想政治理论课重点引导学生系统掌握马克思主义基本原理和马克思主义中国化理论成果，了解党史、新中国史、改革开放史、社会主义发展史，认识世情、国情、党情，深刻领会习近平新时代中国特色社会主义思想，培养运用马克思主义立场观点方法分析和解决问题的能力；自觉践行社会主义核心价值观，尊重和维护宪法法律权威，识大局、尊法治、修美德；矢志不渝听党话跟党走，争做社会主义合格建设者和可靠接班人②。

第一，思政课要坚持马克思主义指导地位，坚持以马克思主义理论铸魂育人。当前，世界范围内的多种价值观相互对峙碰撞、交融交锋，意识形态斗争形势错综复杂，在今后很长一段时间，我国在争夺意识形态话语权、夺取道义制高点、增强发展模式自信等方面存在着与对立观点的思想斗争和理论交锋。高校是传播党和国家意识形态、价值体系思想的前沿阵地，肩负着"为人民服务，为共产党治国理政服务，为巩固和发展中国特色社会主义制度服务，为改革开放和社会主义现代化建设服务"③ 的时代重任。习近平总书记指出："要坚持不懈传播马克思主义科学理论，抓好马克思主义理论教育，为学生一生成长奠定科学的思想基础。"④ 马克思主义深刻揭示了人类社会发展规律，是科学的世界观和方法论，是指导我们正确认识和改造世界的根本思想方法和工作方法。面对世界多元化的社会思潮影响，高校要做好立德树人工作，需要加强马克思主义理论教育，做好习近平新时代中国特色社会主义思想理论宣传和教育工作，将马克思主义理论教育同立德树人工作实际相结合，巩固马克思主义在意识形态领域的指导地位，坚持和加强党对高校意识形态工作的领导；要明确高校教书

---

① 中共中央办公厅，国务院办公厅.关于深化新时代学校思想政治理论课改革创新的若干意见［EB/OL］.（2019-08-14）［2023-10-10］.https://www.gov.cn/zhengce/2019-08/14/content_5421252.htm

② 中共中央宣传部 教育部关于印发《新时代学校思想政治理论课改革创新实施方案》的通知［EB/OL］.（2020-12-18）［2023-04-20］.https：//www.gov.cn/zhengce/zhengceku/2021-01/01/content_ 5576046.htm.

③ 习近平.把思想政治工作贯穿教育教学全过程 开创我国高等教育事业发展新局面［N］.人民日报，2016-12-09（1）.

④ 同③.

育人工作的边界方向,画出红线、亮明底线,不断化解高校立德树人工作的矛盾风险,继而增强广大师生对马克思主义、对党和中国特色社会主义事业的信心和信仰,筑牢高校这块社会主义意识形态的前沿阵地。

青年大学生作为担当民族复兴大任的社会主义建设者和接班人,必须坚定马克思主义信仰和共产主义理想。马克思主义理论作为思想政治理论课的主要内容,必然是思想政治理论课铸魂育人的重要理论武器。高校思政课教师要以透彻的学理分析带领学生吃透教材理论,通过对马克思主义经典著作的深入解读和讲解让学生深刻洞悉马克思主义的立场观点和方法,进而提高学生的马克思主义素养,让学生做到"真学真懂";通过将马克思主义理论的讲授与中国发展历史相联系,引导学生体会坚持马克思主义对于我国社会发展的重要意义,从而引导学生经常性地运用马克思主义理论进行自我约束和自我反省,让学生做到"真信真用"。

第二,思政课要坚持以习近平新时代中国特色社会主义思想铸魂育人。高校思想政治理论课涵盖了对大学生品德培养的基本要求。要充分发挥思想政治理论课在大学生价值方向引领、政治信仰确立、德育资源供给方面的核心优势,发挥思想政治理论课主渠道作用,推进立德树人工作。高校思想政治理论课教师要聚焦立德树人根本任务,落实好新要求,把立德树人、铸魂育人作为高校思想政治理论课改革的中心环节,正视思想政治理论课当前存在的问题,增强改进的紧迫感,要坚持在改进中加强,把握改进的基本方向,不断改进思想政治理论课的话语体系,不断改进思想政治理论课的教学手段,确保改而能强、改而促强①,不断丰富高校思想政治教育理论课的教育教学方式,扎实做好习近平新时代中国特色社会主义思想"进教材、进课堂、进头脑"的工作,用习近平新时代中国特色社会主义思想武装大学生,教育引导大学生正确认识世界和中国发展大势,正确认识时代责任和历史使命,树立正确的世界观、人生观和价值观。

习近平新时代中国特色社会主义思想进教材、进课堂、进头脑是思政课建设的重要内容。一方面,高校思政课要把学习习近平新时代中国特色社会主义思想的内容和意义作为思政课程的主要内容,带领学生学习习近平总书记的重要讲话,使学生深刻理解习近平新时代中国特色社会主义思想的科学内涵、历史地位和意义,引导学生自觉关注国家大事和时政热

---

① 韩宪洲. 聚焦立德树人根本任务 在改进中加强思想政治理论课[J]. 思想理论教育导刊,2017(2):22-25.

点，增强"四个自信"，激发学生的爱国情怀，引领学生在中国特色社会主义伟大事业的建设中和实现中华民族伟大复兴的道路上不懈奋进。另一方面，高校思政课教师要善于运用习近平新时代中国特色社会主义思想分析问题，通过具体案例使学生深刻认识到党的十八大以来我国取得的历史性成就和发生的历史性变革，学习和掌握习近平新时代中国特色社会主义思想对马克思主义的坚持运用和创新发展，努力树立学习和拥护习近平新时代中国特色社会主义思想的表率形象，实现以习近平新时代中国特色社会主义思想铸魂育人的思想政治教育目标。

第三，思政课要坚持以社会主义核心价值观铸魂育人。习近平总书记指出："要坚持不懈培育和弘扬社会主义核心价值观，引导广大师生做社会主义核心价值观的坚定信仰者、积极传播者、模范践行者。"① 高校立德树人的旨归就是通过道德教育实践活动，提升大学生的道德素养和精神境界，培育大学生理性平和的心态，和谐大学生社会人际情感关系，夯实大学生道德价值和政治信仰的根基。而社会主义核心价值观融合了个人、社会和国家三个层面为一体的道德准则，不仅"增强了社会主义意识形态的说服力、吸引力、感召力和征服力"，还"反映社会生活中的主要矛盾和人民的迫切需求"②，与大学生思想行为内外统一的道德准绳和价值要求相契合，是实现高校立德树人根本任务的灵魂和指引③。

学校是社会主义核心价值观宣传的最主要阵地，思想政治理论课是社会主义核心价值观宣传的最主要渠道，必然要在铸魂育人中坚持对社会主义核心价值观的引导。大学生是国家和民族的未来，他们价值取向的确立直接决定了未来整个社会的价值取向，而大学阶段正是其价值取向形成的关键时期，思政课教师和思想政治理论课便在大学生的价值观养成中发挥着举足轻重的作用。高校思想政治理论课要通过直接讲授社会主义核心价值观的主要内容，让大学生直观感受社会主义核心价值观的内涵，让内容牢记于心，随着年龄阅历的增长不断实现对其内容理解的深化；要通过课余活动的组织让大学生感受到性情的陶冶，让社会主义核心价值观的种子在大学生的心中生根发芽；要通过树立模范标杆，通过榜样的引领作用让

---

① 习近平. 把思想政治工作贯穿教育教学全过程 开创我国高等教育事业发展新局面 [N]. 人民日报，2016-12-09（1）.
② 张雷声. 论社会主义核心价值观的意识形态功能 [J]. 高校辅导员，2017（5）：12.
③ 秦书生，李毅. 习近平高校立德树人思想的逻辑阐释 [J]. 现代教育管理，2018（8）：3.

大学生自觉感悟社会主义核心价值观的要义,并养成良好的思想品德追求;要鼓励大学生勇于实践,从自身做起,从小事做起,从小德开始,鼓励大学生争做热爱集体、关心同学、尊敬师长、勤奋学习、热爱劳动、锻炼身体的好学生。

思政课是对大学生进行社会主义核心价值观教育最直接、最有效、最有力的渠道。习近平总书记指出,"培育和践行社会主义核心价值观要在落细落小落实上下功夫。"① 所谓"落细",就是注重各项工作的细致衔接,建立起符合各阶段学生认知特点的分层递进、螺旋上升、整体衔接的内容序列,以思想政治工作为主线,以社会主义核心价值观为内核,充分挖掘每一门课程的育人资源和功能,不放过每一个思想政治教育的机会和环节,实行课程育人、知识育人、实践育人、活动育人。所谓"落小",就是从细微处入手,多形式、多维度推动社会主义核心价值观教育,将"大背景"转化为"小事件",将"大社会"转化为"小舞台",将"大理念"转化为"小行动",小处着手,润物无声,持续推进社会主义核心价值观"进教材、进课堂、进头脑"。所谓"落实",就是针对青少年等重点群体,深入开展马克思主义理论教育,坚持以理服人,避免空洞说教,提高思政"第一课"的教学质量和成效;贴近社会实际和学生需求开展思政课教学,学思践悟,知行合一,引导大学生自觉将社会主义核心价值观落实到具体实践中,取得让各阶段大学生都能"听得到、看得见、摸得着、做得了"的教育效果②。

二、思想政治理论课改革创新的根本目标

新时代高校思想政治理论课改革创新的根本目标是培养德智体美劳全面发展的社会主义建设者和接班人。"坚持教育为人民服务、为中国共产党治国理政服务、为巩固和发展中国特色社会主义制度服务、为改革开放和社会主义现代化建设服务"③ 是新时代党的教育方针。

思想政治理论课要培养走在时代前列的奋进者,培育符合新时代要求

---

① 习近平. 思政课是落实立德树人根本任务的关键课程[J]. 求是,2020(17):6.
② 于桂荣,秦书生. 习近平关于思想政治理论课建设重要论述的逻辑阐释[J]. 现代教育管理,2021(3):54.
③ 习近平. 习近平谈治国理政:第二卷[M]. 北京:外文出版社,2020:328.

的时代新人。"时代前列的奋进者"是"时代新人"的重要内涵,二者都是着眼于"时代"要求而提出的培养目标,从这个角度上可以说,"时代新人"即"走在新时代前列的奋进者"。新时代呼唤新作为。站在新时代的关口,在党的十九大报告中习近平总书记向全体青年发出了振奋人心的号召,要"勇做时代的弄潮儿"。其实,党的十八大以来,习近平总书记就多次着眼于育人目标与时代要求对青年发起号召。2013年,习近平总书记在给北京大学的学生回信中写道:"勇做走在时代前面的奋进者"。2014年,习近平总书记在北京大学师生座谈会上指示广大青少年要"勇做走在时代前列的奋进者"。2016年,习近平总书记再次强调:"勇做走在时代前列的奋进者、开拓者、奉献者。"[①] 这是习近平总书记立足中国特色社会主义进入新时代的新的历史方位提出的殷切期盼,是新时代中华民族持续奋进的强烈诉求,是革命前辈对于新时代接班人的深切嘱托,因此就必然成为新时代思想政治理论课的教学目标和实践导向。

思想政治理论课要培养德智体美劳全面发展的社会主义建设者和接班人。思想政治教育作为教育体系中的基础性教育,同样也要为这一总体性的教育目标服务。未来的社会主义建设者和接班人是德智体美劳全面发展的国之栋梁,要具有良好的思想品德,具有较高的政治觉悟,具有较高的综合素质。因此,必须警惕学生在成长成才过程中发展成为片面的、单向的、异化的人。思想政治理论课要通过思想品德教育培塑大学生的高尚品德和修为,培养大学生明辨是非的能力,增强大学生的自我定力,使大学生在人生道路上走得更正、走得更远,使大学生成长为"有德之人";通过精神启示和价值引领,督促大学生自主接受智育、体育、美育和劳育的培养,增强大学生自主学习的定力和耐力,让大学生从思想上形成"我要学""我要练"的主动学习和锻炼的意识,而不是学校和家长"要我学""要我练",这样才能让大学生在人生道路上行稳致远,才能保证未来的生力军、主力军能够在实现中华民族伟大复兴的中国梦的正确道路上贡献聪明才智,才能使大学生成长为新时代的"智慧者""体魄和身心健康者""未来劳动者"。

[①] 中共中央文献研究室. 习近平关于青少年和共青团工作论述摘编[M]. 北京:中央文献出版社,2017:54.

三、思想政治理论课改革创新的根本任务

习近平总书记指出:"我国高等教育肩负着培养德智体美全面发展的社会主义事业建设者和接班人的重大任务,必须坚持正确政治方向。"[①]"立德树人是发展中国特色社会主义教育事业的核心所在。"[②] 教育具有鲜明的阶级性和政治性。中国共产党领导是中国特色社会主义最本质的特征,中国大学的发展也表明,只有坚持和加强党的全面领导,扎根中国大地办教育,才能探索出一条具有中国特色的社会主义大学发展道路。在新的历史条件下,高校立德树人工作必须立足于中国特色社会主义进入新时代的新的历史方位,牢牢掌握党对高校工作的领导权,始终彰显党的领导是中国特色社会主义制度的最大优势,在教书育人过程中融合"两个一百年"奋斗目标,不断夯实中国特色社会主义的"共同思想"基础;同时,高校要坚持以人民为中心的发展理念,确保立德树人工作的社会主义方向,坚持"四个自信"和"四个服务"意识,推动教育全面深化改革,在办学方向、教育价值、发展动力和人才培养上凸显中国特色社会主义高校的鲜亮底色,为党和国家培养大量德才兼备、全面发展的新时代社会主义建设人才[③]。

高校思想政治理论课的根本任务是立德树人,着力要解决的是学生的理想信念问题。"立德树人"包含"立德"与"树人"两个方面,是二者的有机统一,它包含着要促进学生全面发展的内在要求。"立德"的着眼点是培育学生的良好品德。高校思政课教师必须承担起培育学生树立正确的理想信念、价值理念、道德观念的重要任务。"树人"讲究全面性,即高校思政课教师既要重视理论知识的传授,又要注重思想品德的培养,注重对学生综合素质的培养,使学生在德智体美劳各方面全面发展,培育勇于肩负历史使命,能够立大志、明大德、成大才、担大任,堪当民族复兴重任的时代新人。"立德"助力"树人",并推动"树人"。高校思想政治理论课的核心问题是解决学生的理想信念问题,即直接对"立德"起作

---

① 习近平. 把思想政治工作贯穿教育教学全过程 开创我国高等教育事业发展新局面 [N]. 人民日报, 2016-12-09 (1).
② 本刊编辑部. 教育部关于全面深化课程改革落实立德树人根本任务的意见(摘编)[J]. 青海教育, 2014 (12): 4.
③ 秦书生, 李毅. 习近平高校立德树人思想的逻辑阐释 [J]. 现代教育管理, 2018 (8): 2.

用，因此，高校思政课是立德树人的关键课程。要解决学生理想信念的问题，思政课教师首先要有信仰，这就要求补足思政课教师精神上的"钙"，练就过硬的政治素质，坚定理想信念。

习近平总书记站在全局和战略高度，把思政课建设摆在治国理政突出位置，指出"思政课是落实立德树人根本任务的关键课程，思政课作用不可替代"①。思政课之所以是"关键""不可替代"的课程，一是思政课事关青年健康成长。思政课是专门为青年群体开设的对其进行思想品德引导和人格培养的理论和社会实践课程。青年学生正处在人生成长期，能否扣好人生第一粒扣子，树立正确的世界观、人生观和价值观，明确人生进取的方向和动力，走上健康成长道路，与思政课密切相关。二是思政课事关中华民族长远发展。核心价值体系凝结着一个国家和民族共同的价值追求，是推动社会发展的内在强大精神力量。思政课是培育青年社会主义核心价值体系的重要载体，其开办得好坏，直接关系到社会主义核心价值观的落实，关系到"中国精神"力量的发挥，影响到中华民族未来的长远发展。三是思政课事关国家政治安全。人心是最大的政治。国际意识形态的斗争实际上是争夺"人心"的斗争。思政课的核心是"铸魂育人"，具有鲜明政治引导功能，在巩固马克思主义在意识形态领域的指导地位、旗帜鲜明反对各种错误思潮、维护国家长治久安、保障国家政治安全等方面具有至关重要的作用②。

随着中国特色社会主义进入新时代，文化多元化进一步发展，在其带来的文化繁荣背后还隐藏了多元文化对当代大学生思想观念的冲击。由于大学生心智发育尚未成熟，在社会转型期不可避免地会对遇到的新问题和新矛盾产生困惑，这可能会导致大学生对自身现存的意识形态和价值观念持怀疑心态，甚至产生道德、信仰和理想上的困惑，这种情况下更加需要对大学生进行思想政治教育的引导，需要通过思想政治理论课为其传输正确的世界观、人生观和价值观，引导大学生以此为行为规范和道德遵循，培塑高尚的思想品德。因此，对大学生"德"的培养就必然成为新时代思想政治理论课育人的重要目标。

总之，思想政治理论课落实立德树人任务，要求思政课教师在传授马

---

① 习近平. 思政课是落实立德树人根本任务的关键课程［J］. 求是，2020（17）：4.
② 于桂荣，秦书生. 习近平关于思想政治理论课建设重要论述的逻辑阐释［J］. 现代教育管理，2021（3）：52.

克思主义及其中国化的理论、党和国家大政方针政策的同时，帮助大学生塑造正确的世界观、人生观和价值观，树立共产主义远大理想信念和中国特色社会主义共同理想，使大学生坚定对马克思主义的信仰，并学会运用马克思主义立场观点去分析问题和解决问题。

第二节 新时代高校思想政治理论课战略方向的精准定位

习近平总书记在全国高校思想政治工作会议上强调："做好高校思想政治工作，要因事而化、因时而进、因势而新。"[①] 2019年在学校思想政治理论课教师座谈会上，习近平总书记明确提出了思想政治理论课要解决的最根本的问题，即要解决好"培养什么人、怎样培养人、为谁培养人"的问题。这一问题的提出要求对新时代思想政治理论课战略方向进行精准定位，可以运用习近平总书记提出的"因事而化、因时而进、因势而新"的思路对其进行科学阐释。具体来说，要聚焦"因事而化"理念解答"为谁培养人"的根本问题，聚焦"因时而进"理念解答"培养什么人"的首要问题，聚焦"因势而新"理念解答"怎样培养人"的关键问题[②]。

一、因事而化：解决思政课"为谁培养人"问题

因事而化，其核心要义即从"事务"本身出发"化解"问题，坚持实事求是，一切从实际出发，将事务、事实作为想问题办事情的出发点和落脚点。问题是时代的先导，新时代的思想政治理论课"为谁培养人"的问题是思想政治教育的方向性问题，是新时代思想政治理论课必须回答的问题。聚焦思想政治理论课"事务"本身，就是一门培养大学生的价值观念、思想品德、政治素养、理想追求和心理素质的教育课程，是一种教育实践活动，要做到"坚持教育为人民服务、为中国共产党治国理政服务、为巩固和发展中国特色社会主义制度服务、为改革开放和社会主义现代化

[①] 习近平. 把思想政治工作贯穿教育教学全过程 开创我国高等教育事业发展新局面 [N]. 人民日报，2016-12-09 (1).
[②] 秦书生，詹鑫. 用"三因"思想解决思政课根本问题 [J]. 中学政治教学参考，2022 (15)：1, 4.

建设服务"。①

"四个坚持"科学回答了新时代思想政治理论课"为谁培养人"的问题，即新时代思想政治理论课将通过办好人民满意的教育，培养社会主义合格建设者和可靠接班人，在未来继续做人民的守护者和服务者；通过教育青年坚定共产主义理想、坚持社会主义道路，引导被教育者自觉树立"四个意识"、做到"两个维护"，为党培养拥护党的领导的有用人才和治国理政的智慧贡献者；通过引导大学生衷心拥护我国社会主义制度、学深悟透社会主义制度，为社会主义制度的巩固和发展培养守护者和建设者；通过"四史"教育和中华民族伟大复兴中国梦的引导，为改革开放和社会主义现代化建设培养可靠接班人。简言之，新时代的思想政治理论课的培养目标即为人民育才、为党育才、为中国特色社会主义事业育才。

二、因时而进：解决思政课"培养什么人"问题

因时而进，其基本要义为根据时间、时局、时机、时代的变化而锐意进取、追求进步，根据历史潮流及其发展规律作出符合时宜的变化，真正做到与时俱进。时代是出卷人，我们是答卷人。不同时代会呈现出不同的问题，而同一问题在不同时代背景下其解答方案也不尽相同。要对思想政治理论课"培养什么人"的问题作出与时俱进的精准回答，必须聚焦中国特色社会主义进入"新时代"这个最大的时局，只有在此基础上清醒地认识到中国特色社会主义进入新时代对于思想政治理论课提出的新要求，才能对"培养什么人"的问题作出精准回答。

党的十九大报告指出，新时代是继往开来、承前启后的时代。在新旧交替的时代里必然是机遇与挑战并存、希望与风险并生。在新时代这一崭新的时代方位和社会转型背景下，思想政治理论课的发展同样伴生着机遇和挑战。如经济全球化背景下西方意识形态的渗透；市场经济背景下拜金主义、享乐主义、利己主义思想抬头；文化多样化背景下对我国传统价值观念的冲击和对传统主流文化地位的挑战；社会信息化背景下学生自我意识膨胀和道德责任缺失等问题，都是新时代思想政治理论课需要考虑和解决的问题，也是新时代对思想政治理论课育人提出的新要求。除上述风险挑战外，新时代同样为思想政治理论课的发展带来了机遇，如新时代人民

---

① 习近平. 习近平谈治国理政：第二卷［M］. 北京：外文出版社，2020：328.

生活水平的极大提高和社会的稳定和谐为思想政治理论课的开展和推进提供了更为和平安定的环境，国际化水平的提高扩大了思想政治理论课的教育资源和内容，信息化水平的提高为思想政治理论课的开展提供了新的载体，人才战略的持续推进更加凸显了思想政治理论课的重要地位，等等，都成为推动新时代思想政治理论课向前发展的重要契机。新的机遇和挑战为回答思想政治理论课"培养什么人"的问题提供了更新的解题思路。

党的十九大报告明确提出了新时代的育人目标，即培养"担当民族复兴大任的时代新人"[①]。党的二十大报告指出："着力培养担当民族复兴大任的时代新人。"[②] "'时代新人'是'社会主义建设者和接班人'在中国特色社会主义新时代的体现和要求。"[③] "时代新人"的内涵可以概括为中华民族复兴大任的担当者、走在时代前列的奋进者和德智体美劳全面发展的社会主义建设者，这三个方面也更为具体地回答了新时代思想政治理论课"培养什么人"的首要问题。

一是要培养中华民族复兴大任的担当者。习近平总书记在党的十九大报告中提出了"培养担当民族复兴大任的时代新人"的新要求。"时代新人"提出的初始话语即与"担当民族复兴大任"紧密联系在一起。可见，这是习近平总书记对于"时代新人"内涵的最直接的诠释和最切近的界定。"时代新人"就是中华民族复兴大任的担当者，担当民族复兴大任是成为"时代新人"的充分必要条件。纵观中华民族的发展历史，每一个历史时期都有民族复兴大任的担当者，他们是革命时期的革命者、社会主义建设时期的建设者、改革开放时期的改革者和创新者。民族复兴大任的担当者始终紧跟历史的潮流而不断自我更新。今天，新时代的历史使命和时代要求呼唤我们要培养出有理想、有梦想，能够在中国梦的引导下，将自己的个人梦、个人理想融入国家和民族复兴的伟大事业中的时代"新"人，这群人正是中国特色社会主义进入新时代的民族复兴大任的担当者，是中国历史乃至全世界社会主义历史发展接力棒的接棒人，对中华民族复兴大任的担当者的培养是新中国发展之所系，也是全世界社会主义发展之

---

① 习近平. 决胜全面建成小康社会 夺取新时代中国特色社会主义伟大胜利：在中国共产党第十九次全国代表大会上的报告［N］. 人民日报，2017-10-28（1）.

② 习近平. 高举中国特色社会主义伟大旗帜 为全面建设社会主义现代化国家而团结奋斗：在中国共产党第二十次全国代表大会上的报告［M］. 北京：人民出版社，2022：44.

③ 刘建军. 论"时代新人"的科学内涵［J］. 思想理论教育，2019（2）：4.

所系，因此必然成为新时代思想政治理论课的重要目标。

二是要培养走在时代前列的奋进者。"时代前列的奋进者"是"时代新人"的重要内涵，二者都是着眼于"时代"要求而提出的培养目标，从这个角度上可以说，"时代新人"即"走在新时代前列的奋进者"。新时代呼唤新作为。站在新时代的关口，在党的十九大报告中习近平总书记向全体青年发出了振奋人心的号召，要"勇做时代的弄潮儿"。其实，党的十八大以来，习近平总书记就多次着眼于育人目标与时代要求对青年发起号召。

三是要培养德智体美劳全面发展的社会主义建设者。2018 年 9 月在全国教育大会上，习近平总书记明确提出了新时代的教育任务是要"培养德智体美劳全面发展的社会主义建设者和接班人"①。思想政治教育作为教育体系中的基础性教育，同样也要为这一总体性的教育目标服务，因此，在学校思想政治理论课教师座谈会中，习近平总书记也明确提出思想政治理论课也要努力培养德智体美劳全面发展的社会主义建设者的育人目标。为实现这一教育目标，思想政治理论课将在培养学生"德"的发展中起到举足轻重的关键性作用。"德"是学生德智体美劳全面发展的思想基础，而立德树人是思想政治理论课的根本任务，"立德树人"是"立德"与"树人"的统一，它实际上包含着要促进学生全面发展的内在要求，"立德"的着眼点是学生思想政治品德的成长，要求教师要引导大学生树立正确的理想信念、价值理念、道德观念，让学生在德智体美劳各方面全面发展，从而培育勇于肩负历史使命，能够立大志、明大德、成大才、担大任，堪当民族复兴重任的时代新人。进入新时代，文化多元化进一步发展，在其带来的文化繁荣背后还隐藏了多元文化对当代学生的思想观念的冲击。由于大学生心智发育尚未成熟，在社会转型期中不可避免地会对遇到的新问题和新矛盾产生困惑，这可能会导致大学生对自身现存的意识形态和价值观念持怀疑心态，甚至产生道德、信仰和理想上的困惑，这种情况下大学生更加需要思想政治教育的引导。落实立德树人任务，思想政治理论课着力要解决的是学生的理想信念问题，即直接对"立德"起作用，从而形成正确的思想品德。因此对大学生"德"的培养就必然成为新时代思想政治理论课的育人目标。

---

① 习近平. 坚持中国特色社会主义教育发展道路 培养德智体美劳全面发展的社会主义建设者和接班人［N］. 人民日报，2018-09-11（1）.

三、因势而新：解决思政课"怎样培养人"问题

因势而新，其理论精髓即根据事物发展的形势、态势、大势而进行革新创新、推陈出新、革故鼎新等，即做到审时度势、因势利导、因势而为。因事之势，方能守正出新。针对思想政治理论课而言，要在新时代实现改革创新，更加精准地回答新时代"怎样培养人"的关键问题，其首要任务是要弄清新时代的思想政治理论课的发展新形势。2019 年 8 月，中共中央办公厅、国务院办公厅联合印发的《关于深化新时代学校思想政治理论课改革创新的若干意见》（以下简称《意见》）中，明确指出了党的十八大以来思想政治理论课建设面对的新形势、新任务、新挑战。具体来说，思想政治理论课教材内容不够鲜活，教师培养体系有待完善，大中小学思政课一体化建设需要深化，各类课程同思政课建设的协同效应有待增强，学校、家庭、社会协同推动思政课建设的合力尚未完全形成等突出问题。[①] 综合分析上述问题可以发现，思想政治理论课存在的问题主要分为三个方面，分别是思想政治理论课自身改革问题、思想政治理论课同其他课程的校内衔接问题以及思想政治教育多主体协同参与的社会衔接问题。党中央指出的思想政治理论课的新形势和新挑战是新时代思想政治理论课"怎样培养人"问题解答的有力抓手和实践指针，也是新时代思想政治理论课培养人的创新路径。新时代思想政治理论课的改革创新路径可以通过三方面得以实现，分别是以改革创新促进思想政治理论课程自身发展，以"课程思政"实现思想政治理论课程的校内扩展，以"大思政课"推动思想政治理论课程的社会延伸。

首先，以改革创新促进思想政治理论课程自身发展。《意见》是新时代思想政治理论课改革发展的纲领性文件，《意见》十分明确地提出了思想政治理论课自身改革创新的方向。《意见》指出，推进思想政治理论课的革新，要从四个方面下功夫，分别是完善思想政治理论课教材体系；建设一支政治强、情怀深、思维新、视野广、自律严、人格正的思想政治理论课教师队伍；不断增强思想政治理论课的思想性、理论性、亲和力、针

[①] 中共中央办公厅，国务院办公厅.关于深化新时代学校思想政治理论课改革创新的若干意见[EB/OL].（2019 - 08 - 14）[2023 - 10 - 10］. https://www.gov.cn/zhengce/2019 - 08/14/content_5421252.htm

对性以及加强党对思想政治理论课建设的领导。①

其次,以"课程思政"实现思想政治理论课的校内扩展。习近平总书记强调,要做到"使各类课程与思想政治理论课同向同行,形成协同效应"②。具体而言,就是要实现教育过程中的思政课程和课程思政的同向同行。"课程思政"理念通过显性教育和隐性教育相结合的方法,可以从"课程立德""课程人文"和"课程价值引领"三个方向协同育人。具体来说,通过"课程立德",让学生了解不同学科领域应具备的道德品质和行为规范;通过"课程人文",在各门课程中挖掘人文精神,感悟人文素养,追求人文关怀,致力于打造德智体美劳全面发展的人;通过"课程价值引领",在各类专业课程中通过学科模范人物树立的榜样作用引领学生树立健全的世界观、人生观、价值观,树立为中华民族伟大复兴中国梦的实现贡献智慧的理想信念等。

最后,以"大思政课"推动思想政治理论课的社会延伸。习近平总书记多次强调"三全育人",即全员育人、全过程育人、全方位育人,这是新时代思想政治理论课发展的有力指导。其中育人"全员"应包括教师、家长和社会三方主体;育人"全过程"应涵盖家庭生活、学校学习和社会工作方方面面;育人"全方位"应包含家庭、学校和社会全要素。而在《意见》中指出了当下的思想政治理论课存在学校、家庭、社会协同推动思政课建设的合力尚未完全形成的突出问题,为了合理解决"怎样培养人"的合力问题,习近平总书记在2021年全国"两会"期间,提出了"'大思政课'我们要善用之"③的重要论断。"大思政课"是一个由"全要素"合力构成的有机整体,最为核心的是将现有思政课的格局延伸至课堂之外乃至整个社会,是思政课"小课堂"变成思想政治教育"大课堂",通过学校思政教育、家庭思想指引和社会价值观宣传的有机联动,构建思政课"全课堂"模式,从而有效解决当前思政课存在的社会对接转换机制问题,实现学校、家庭和社会三方教育主体之间的良性互动。

---

① 中共中央办公厅,国务院办公厅. 关于深化新时代学校思想政治理论课改革创新的若干意见 [EB/OL]. (2019-08-14) [2023-10-10]. https://www.gov.cn/zhengce/2019-08/14/content_5421252.htm

② 习近平在全国高校思想政治工作会议上强调:把思想政治工作贯穿教育教学全过程 开创我国高等教育事业发展新局面 [N]. 人民日报,2016-12-09 (1).

③ "'大思政课'我们要善用之"(微镜头·习近平总书记两会"下团组"·两会现场观察)[N]. 人民日报,2021-03-07 (1).

总而言之，习近平总书记在2016年全国高校思想政治工作会议中首次提出的"因事而化、因时而进、因势而新"的理念是解答思想政治理论课"培养什么人、怎样培养人、为谁培养人"的正确思路。新时代的思想政治理论课要因事而化，为人民育才、为党育才、为中国特色社会主义事业育才；要因时而进，培养中华民族复兴大任的担当者，培养走在时代前列的奋进者，培养德智体美劳全面发展的社会主义建设者；要因势而新，以改革创新促进思想政治理论课程自身发展，以"课程思政"实现思想政治理论课的校内扩展，以"大思政课"推动思想政治理论课的社会延伸。

第三节 新时代高校思想政治理论课教师的素质要求

2019年3月18日，习近平总书记主持召开了学校思想政治理论课教师座谈会，提出了当好新时代思想政治理论课教师的"六个要求"，即政治要强，情怀要深，思维要新，视野要广，自律要严，人格要正[①]，为加强思政课教师队伍建设指明了方向。思政课教师要认真学习贯彻习近平总书记在学校思想政治理论课教师座谈会上的重要讲话精神，按照"六个要求"对照自己、审视自己、检查自己，用知行合一的实际行动，塑造思政课教师的良好形象，用心教学，精心育人，用"心"铸造思政课教师的"为师之道"。

一、政治要强：思政课教师政治素质要过硬

2019年，习近平总书记主持召开学校思想政治理论课教师座谈会强调，思政课教师"政治要强，让有信仰的人讲信仰，善于从政治上看问题，在大是大非面前保持政治清醒"[②]。思政课教师必须具有良好的政治素养、政治敏锐性和高度的政治责任心。

政治素质是一个人政治立场、政治态度、政治信仰的集中体现，是通过个体言行表现出来的具有稳定性倾向的政治品质。思政课是巩固马克思

---

① 习近平. 思政课是落实立德树人根本任务的关键课程［J］. 求是，2020（17）：10-12.
② 本报编辑部. 用新时代中国特色社会主义思想铸魂育人 贯彻党的教育方针 落实立德树人根本任务［N］. 人民日报，2019-03-19（1）.

主义在意识形态领域指导地位的主阵地，是马克思主义理论教育的主渠道。思政课教师政治素质高低关系到党的教育事业发展，关系到学校立德树人工作的推进，直接影响到学生的道德品质、政治操守。思政课肩负的特殊历史使命要求思政课教师必须政治过硬。过硬的政治素质是思政课教师应该具备的首要素质。

首先，思政课教师要牢固树立马克思主义信仰。思政课的重点是"政治"，要求教学要切实把握政治性，把政治性摆在课程的关键位置。[①]"政治要强"是习近平总书记对思政课教师素养六个方面要求中的首要要求。习近平总书记强调，"让有信仰的人讲信仰"，才能确保办学的政治方向，也是对思政课教师的根本要求。古人云：师者，所以传道受（授）业解惑也。传道者要传道，首先要明道、信道。思政课教师要强化马克思主义、共产主义的理想信念首先在自己心中扎下根，真正给学生心灵埋下真善美的种子，才能在学生心中开花结果。思政课教师要在课堂上运用自己深厚的马克思主义理论功底，通过生动、深入、具体的纵横比较，清晰透彻地讲好马克思主义、共产主义，以高尚的人格感染学生，以真理的力量启发学生，以丰富的学识引导学生，运用辩证唯物主义和历史唯物主义的基本原理帮助学生明辨是非，释疑解惑，进而达到教书育人铸魂的目的。坚定的马克思主义信仰是思政课教师安身立命的根本。所谓政治信仰就是对一种政治思想、政治理想、政治制度、政治文化的认同[②]，思政课教师要增强"四个意识"，坚定"四个自信"，坚决做到"两个维护"，确保思想上政治上行动上同党中央保持高度一致，始终忠诚于党、忠诚于人民，做到为党育人、为国育才。

思政课教师必须坚定马克思主义信仰，始终保持清醒的政治意识，提高自我政治站位，不忘其教育者身份，始终对党忠诚负责，坚决服从党中央领导，自觉维护党中央权威，时刻与党中央保持一致。思政课教师在任何时候、任何情况下都要旗帜鲜明、立场坚定，激活自身政治定力，塑造党性品格风范，把对党绝对忠诚铸入思想、融入灵魂、见之于行。思政课教师只有具备坚定的政治立场和正确的政治方向，具有坚定的马克思主义信仰、共产主义信仰，具有政治敏锐性和政治鉴别力，在思想上、行动上

[①] 夏子辉. 思政课何以落实立德树人根本任务 [J]. 中学政治教学参考，2020（36）：12.
[②] 于霞，于倩. 政治强：高校思想政治理论课青年教师必备的第一素养 [J]. 思想理论教育导刊. 2020（1）：72-74.

同党中央保持高度一致,才能实现思政课政治教育功能。

其次,思政课教师要加强对马克思主义经典著作的学习,将学习马克思主义理论当作一种习惯。当前,我们正处于价值多元化时代,思想容易受到外界影响,思政课教师马克思主义信仰的确立从来都不是一劳永逸的。思政课教师要加强理论学习,真正下功夫弄懂弄通马克思主义的基本原理、科学体系、精髓要义,自觉用马克思主义中国化最新成果武装头脑,努力达到对马克思主义活学活用的境界。只有学习好、掌握好理论,才能更好地将其应用到实践中,才能更好地应对新形势下面临的新情况和新问题,才具有解答疑惑的能力。"理论上清醒,政治上才能坚定。坚定的理想信念,必须建立在对马克思主义的深刻理解之上。"① 思政课教师要"把读马克思主义经典,悟马克思主义原理当作一种生活习惯、当作一种精神追求"②,以提高自身的政治觉悟。

最后,相关部门要制定严格的思政课教师聘用标准,严格选人用人制度,将政治素质作为思政课教师从业的首要标准和最低要求。习近平总书记在北京师范大学师生座谈会上提出"四有"好老师标准,其中将理想信念放在第一位。"理想信念就是共产党人精神上的'钙',没有理想信念,理想信念不坚定,精神上就会'缺钙',就会得'软骨病'。"③ 对于思政课教师而言,坚定的理想信念至关重要。不相信马克思主义,怀疑共产主义,在思想上、行动上与党中央的要求背道而驰,这样的思政课教师缺乏政治自觉,不能够担当起立德树人的重任,其他方面能力再强也不是一名合格的思政课教师。在选聘思政课教师时,有关部门要注意到思政课教学的特殊性,把严政治标准,选人用人坚持政治标准和学术标准相统一,打造高质量的思政课教师队伍。

总之,思政课教师肩负育人育心、立德铸魂、思想引导的重任,青少年正处于"拔节孕穗期"的关键阶段,思政课教师作为马克思主义理论和党的路线、方针、政策的忠实宣讲者,要把坚定马克思主义信仰作为自己政治素养的重中之重,此为思政课教师最高最大的"德"。在风云变幻的国际环境中,思政课教师只有坚定马克思主义信仰,才能厘清主流价值观

---

① 习近平. 习近平谈治国理政:第二卷[M]. 北京:外文出版社,2017:35.
② 习近平. 在纪念马克思诞辰200周年大会上的讲话[N]. 人民日报,2018-05-05(2).
③ 中共中央文献研究室. 习近平关于全面从严治党论述摘编[M]. 北京:中央文献出版社,2016:57.

和非主流价值观的界限，认清中国和世界发展大势，在大是大非面前保持政治定力，才能真正肩负起培养担当民族复兴大任的时代新人的历史使命。

二、情怀要深：思政课教师要保持家国情怀

习近平总书记指出："情怀要深，保持家国情怀，心里装着国家和民族，在党和人民的伟大实践中关注时代、关注社会，汲取养分、丰富思想。"[1] 家国情怀是指个体对其国家、民族所表现出来的深切之情，体现了对国家和民族的高度认同感、归属感、责任感、使命感。中国传统文化强调"家国一体"，要求人民像爱自己的家庭一样爱祖国，这种文化传统塑造了中国人的家国情怀和爱国主义精神。家国情怀是中华民族在长期的社会实践中形成的国家意识和民族精神。[2] 家是最小国，国是千万家，在中国人的内心世界里，国是由无数小家组成的，是更大的一个家，对祖国的热爱是一个人应该并且必须做到的。家国情怀根植于中国的历史与文化之中，是中华优秀传统文化中的精粹，在漫长的历史发展进程中，其丰富的思想内涵和精神意蕴为不同时期的人们所遵循和传承，生生不息，激励了无数仁人志士。思政课教师要有精神涵养、宽阔的胸怀，心中始终装着家与国，成为有情怀的引路人。

家国情怀与爱国主义思想一脉相承，是社会主义核心价值观的重要内容。思政课用马克思主义理论、马克思主义中国化最新成果教育学生，具有鲜明的政治性和理论性。思政课是学生了解学习时政、国情、政策的重要渠道。正人先正己，思政课教师承担立德树人、培养社会主义现代化事业的建设者和接班人的历史使命，要培养学生的家国情怀，首先自己情怀要深，做到对学生负责、对事业负责、对国家负责。

思政课教师要心怀家国、关注社会，时时处处维护国家和民族利益，要有大爱和大情怀，把爱和情怀深入到国家和民族、党和人民的伟大实践中去，把小我与大家、"小课堂"与"大社会"统一起来。在课堂教学中

---

[1] 本报编辑部. 用新时代中国特色社会主义思想铸魂育人 贯彻党的教育方针 落实立德树人根本任务 [N]. 人民日报, 2019-03-19 (1).

[2] 陈丽云. 高校思政课教学中的家国情怀培育研究 [J]. 河南理工大学学报（社会科学版），2021, 22 (4): 100.

以正确的观点、科学的态度引导学生树立以爱国主义为核心的价值观念，激发学生爱国、爱家的责任担当意识，在生活中践行家国情怀，将个人事业与国家事业紧密相连，主动承担起建设国家的重任。只有这样，思政课教师才能承载得起为国家和民族储备人才、培养栋梁的丰功伟业。

思政课教师要增强立德树人的使命感和责任感，强化责任担当。敢于担当是对事业的担当、对历史的负责。① 思政课教师要深刻体会家国情怀的实质内容，并将其汇聚成坚定的道路自信、理论自信、制度自信、文化自信。思政课教师一定要心系国家和民族，关注时代、关注社会，自觉将家国情怀融入新时代民族精神与时代精神相结合的过程之中，将实现中华民族伟大复兴中国梦的美好期待落实到亲身参与实干兴邦、民族振兴的具体行动之中，用教书育人的实际行动报效祖国，在自我价值提升的同时升华自己的精神世界。

思政课教师要认真学习贯彻习近平新时代中国特色社会主义思想，汲取中华优秀传统文化中家国情怀的思想内涵，在提升自我家国情怀的同时，为新时代家国情怀的培养提供新思路，丰富社会主义核心价值观的思想内涵。思政课教师要通过学习和接受培训提高自己的政治意识和理论水平。思政课教师心里装着国家和民族，才能培养学生形成以爱国主义为核心的民族精神、甘于奉献的高尚胸怀、维护国家利益的坚定决心，激发学生社会主义现代化建设的使命感和责任感，为实现伟大复兴中国梦不懈奋斗。

在新时代，家国情怀表现为对中国共产党的热爱和拥护，对国家强盛、民族团结、自身提升的一种追求，对全国各族人民团结一致为实现中华民族伟大复兴的奋斗和期待。思政课教师要树立远大理想追求，做到以德修身、立德修业、以德立人、以德立学、以德施教，以人为本，"正人"与"行理"相统一，立远志、养良德、修情操，为学生做好表率作用；做到下苦功夫、求真学问，对马克思主义理论教育事业投入真情实感，以扎实的理论学识功底提高教学质量，同时要心中始终装着学生，以仁爱之心躬身实践，身体力行，使思政课成为一门有温度、具体化的课程。在高校思政课的课堂中，思政课教师以身作则潜移默化地将家国情怀融入进去，自觉弘扬家国情怀的主旋律，时刻谨记"学术无国界、课堂有规范"，有

---

① 魏磊. 习近平总书记执政风格研究［J］. 理论学刊，2019（2）：97.

助于增强大学生爱国意识,有助于提升大学生的民族认同感与民族自信心,有助于大学生坚定道路自信、理论自信、制度自信和文化自信,有助于提高大学生的综合素养,为实现中华民族伟大复兴储备综合性高素质人才。

家国情怀的培养,还要以具体实际的事件案例来强化。思政课教师应依托历史事件对学生进行教育,加强学生对党史、新中国史、改革开放史、社会主义发展史的学习,在回顾过去艰苦岁月的过程中增强学生家国情怀的感知力,培育学生形成以爱国主义为核心的民族精神。一个人只有深入了解自己国家的革命、建设和改革的艰辛历程以及先烈浴血奋战的事迹,才会从内心深处迸发出浓浓的爱国之情、报国之意。

三、思维要新:思政课教师要创新教育教学方式

习近平总书记指出:"思维要新,学会辩证唯物主义和历史唯物主义,创新课堂教学。给学生深刻的学习体验,引导学生树立正确的理想信念、学会正确的思维方法。"① 我们正处于"互联网+"时代,信息技术飞速发展,知识获取方式和传授方式、教和学的关系都发生了革命性变化。信息时代下学生具有自我学习能力强、喜欢挑战、追求新知的特点,这要求思政课教师要不断创新思维方式、创新教育教学方式。

思政课教师是马克思主义理论、马克思主义中国化的忠实宣讲者,思政课的教学内容不是一成不变的,而是随着党的思想理论发展而不断发展的。当前我国社会的主要矛盾发生了变化,党的路线、方针、政策也在随着时代的发展不断变化,思政课教师要深入学习习近平新时代中国特色社会主义思想,加强对重大理论观点、重大现实问题的研究,做到"知其然更知其所以然",从思政课本体性角度思考该课程的体系结构、内容组成;从思政课发展性角度思考该课程的逻辑进程、演进方向;从思政课时代性角度思考该课程的当代价值、现实意蕴;不断夯实自身思想理论功底,增强学术功底和学术阐释力,以真理的力量赢得学生,引导学生形成正确的世界观、人生观、价值观。

近年来,思政课教师中出现了一批教书育人的先锋模范,他们教学水

---

① 本报编辑部. 用新时代中国特色社会主义思想铸魂育人 贯彻党的教育方针 落实立德树人根本任务 [N]. 人民日报, 2019-03-19 (1).

平一流，具有创新精神，勇于接受新思维，能够及时为自己的课堂和教学注入新鲜血液，对广大思政课教师具有重要引领作用。但同时不可否认的是，少数思政课教师不知道如何创新，不进行创新，不在创新上下功夫，思维落后，讲课形式单一、内容固定、话语晦涩难懂。创新思政课教育教学方式已是大势所趋，思政课教师要聆听时代声音，顺应时代潮流，紧跟时代发展和学生成长步伐进行创新，否则将难以讲好思政课，难以引起学生共鸣，更难以培养出国家发展所需要的人才。思政课教师要从以下几个方面创新教育教学方式。

第一，要创新思维，用正确且符合时代要求的思想指导教学。在教育教学过程中，思政课教师要充分发挥学生的主体地位，促使自己的角色由"讲授者"向"指引者"转变，避免以"填鸭""说教""划重点"方式开展思政课教学，坚持"不愤不启，不悱不发"，精心设计课程，吸引学生主动参与到课堂中来，营造活泼的课堂氛围，提升学生学习思政知识的兴趣，改变课堂上抬头率不高的现状。

第二，要创新教学内容，把马克思主义中国化最新理论成果融入教学中。创新思政课教学内容十分重要，思政课教师要不断创新教学内容。为此，思政课教师要通过加强理论学习，掌握当代中国马克思主义、21世纪马克思主义的理论成果。在此基础上用深入浅出的语言将文件语言转换为学生容易接受的课堂教学语言，进而融入到思政课教学过程中，凸显教学内容的针对性及前沿性。思政课教师要运用马克思主义理论知识解答学生面临和关心的热点问题，对社会热点问题采取不回避的态度，把握正确的政治方向，引导学生牢固树立政治信仰。面对思政课课时少、内容多的现状，思政课教师可以选择模块化专题式教学设计和实践模式，立足学生关注的热点、兴趣点，把握教学中的重点和难点，用心挑选课题，科学设立专题，围绕专题教学目标对专题内容的逻辑框架进行创新，使课程体现政治性和学理性的同时富有逻辑性。

第三，要加强学术研究，提高理论创新能力。思想政治理论课教师应该是研究者和宣传者的统一。思政课教师的学术水平和教学能力是意识形态教育的前提基础。思政课教师应拥有自己的学术立场、学术态度、学术思维，能够透视和解析思政课教学内容，用学术性的语言将思想政治理论课中的义理表达出来。思政课教师要与时俱进，不断增强自身的学术功力和学术阐释能力，只有这样才能更好地展现马克思主义的真理性、批判性和创新性，这些理论品格的挖掘、展现对于当代大学生而言无疑具有巨大的教育和鼓舞作用。

第四，要创新教学方式，采取多样化教学方式，做到因材施教。不同学科专业的学生、不同的班级具有不同的特点。思政课教师在教学过程中不能用一种方式对待所有学生，应该按照有虚有实、有棱有角、有情有义、有滋有味的教学要求，在教学要求范围内综合学生与课程的特点创新课堂教学形式，促使教学形式由单一转向多元，因人而异选择合适的教学方法。综合使用讲授法、启发式教学方法、案例分析法、专题教学法等，引导学生进行探究式、合作式学习，增强思政课的感染力，使学生能够自觉融入到学习中，增强教学的针对性和学生课堂参与度，讲"活"、上"实"、做"强"思政课。

第五，要创新话语体系，用生动的语言、活泼的形式增强教学的感染力和吸引力。思想政治理论课教材中的基本概念、基本原理，其语言规范不可能追求生动鲜活，这就要求思政课教师要用具体的、通俗的语言解释教材中的概念、原理，使思政课教学内容贴近社会，贴近现实，贴近生活，教师作为传道、授业、解惑之人，教学话语一定要能够与学生契合，以增强教学的感染力和吸引力。思政课教师要关注学生喜欢的话题，积极探索与学生共话理论、共话现实的话语体系，用生动的语言，将隐含政治性和理论性的教学内容教授给学生，增强课堂亲和力，提升学生的获得感。

四、视野要广：思政课教师要有学贯中西、贯通古今的知识储备

当今世界正处于百年未有之大变局，中国已前所未有地接近中华民族伟大复兴的目标，前所未有地走近世界舞台中央，基于这样的历史方位，习近平总书记指出："'两个一百年'奋斗目标的实现、中华民族伟大复兴中国梦的实现，归根到底靠人才、靠教育。"[①] 这要求思政课教师必须适应时代变化，立足客观实际，从各个方面丰富知识储备，开阔自身视野。习

---

① 习近平：做党和人民满意的好老师：同北京师范大学师生代表座谈时的讲话 [N]．人民日报，2014-09-10（2）．

近平总书记指出:"视野要广,有知识视野、国际视野、历史视野,通过生动、深入、具体的纵横比较,把一些道理讲明白、讲清楚。"① 习近平总书记这一论述强调了思政课教师视野的重要性。视野决定格局,格局决定结局。思政课教材在语言表述上较为抽象和宏大,这就需要思政课教师具有知识视野、国际视野、历史视野,挖掘思政课教学内容的丰富内涵,把思政课教学内容融抽象于具体、变空洞为充实、化教条为鲜活,切实增强教学内容的生动性、可接受性。

思政课教学内容具有极强的时代性和发展性,涉及的知识面广泛,包含了政治、经济、文化、社会等诸多方面。思政课教师要拓展自己的知识面,不仅需要熟练掌握思想政治理论课知识,也要广泛涉猎其他类型知识,上知天文下知地理,能够触类旁通。同时,思政课教师要与时俱进提升理论水平和育人能力,积极主动吸纳新知识,更新自己的知识结构,使自己具备深厚的知识素养,包括政治理论修养、精深的学科专业知识、广博的科学文化知识,只有这样才能将一些道理给学生讲透彻。

思政课教师要有学贯中西、贯通古今的知识储备。加强政治理论修养,要求思政课教师必须始终同党和人民站在一起,坚定"四个自信",做到"两个维护",重视政治理论学习,提高政治理论素质。掌握精深的学科专业知识和广博的科学文化知识,要求思政课教师必须在充分夯实马克思主义专业知识的基础上,深入学习各类通用知识,构建起系统全面的知识体系。

思政课教师要有全方位的视野。全方位的视野主要包括知识视野、国际视野和历史视野。扎实的知识功底是讲好思政课的必要条件,是思政课教师的立业之本,是提高学生课堂满意度的关键。思政课教师不仅要掌握丰富的知识,而且应提高系统思维能力和历史思维能力,进而拓宽国际视野和历史视野。国际视野要求思政课教师具有比较思维,在系统全面分析问题和与世界各国进行比较的基础上,深刻认识到中国特色社会主义制度优越性,进一步坚定"四个自信"。

思政课教师要具有国际视野。当今的世界,是一个开放的世界,各国间的政治、经济、文化等各个领域的联系越来越密切。思政课教师作为社会主义事业接班人的培育者,不能闭门造车,必须具备"国际视野",能

---

① 中共中央办公厅,国务院办公厅. 用新时代中国特色社会主义思想铸魂育人 贯彻党的教育方针 落实立德树人根本任务 [N]. 人民日报, 2019-03-19 (1).

够面向世界，博采众长，善于借鉴和吸收发达国家的先进经验成果为我所用。思政课教师要学习掌握国际政治和国际关系理论，了解国际政治与世界经济，能够以马克思主义的宽广视野观察世界、分析世界、研究世界，能够高瞻远瞩，运用马克思主义立场、观点、方法对世界形势作出深刻洞察，把一些道理讲明白，讲清楚。此外，如果条件允许，思政课教师应争取出国进行学习交流，通过真切的体验，拓宽自己的国际视野。

思政课教师要具有历史视野。思政课的教学内容是历史与逻辑的统一。无论是从基本内容来看，还是从内在逻辑来看，世界历史、中国历史以及马克思主义发展史、中国共产党的奋斗史都在思想政治理论课教学内容中有所体现。思政课教师要加强对中国历史、党史国史、社会主义发展史和世界历史的学习和研究，正确理解和掌握历史知识，深刻总结历史经验，认清历史趋势，把握历史规律，进而对社会现实问题进行科学的观察与思考，自觉树立起正确的历史意识，以正确的历史观教书育人，弘扬正气，传播正能量。思政课教师要将马克思主义发展史同经典文本中的段落章节和教材中的基本原理有机结合起来，带领学生在当下及历史的穿越中与大师对话，拓展他们对马克思主义学习的深度和广度。思政课教师要引导学生在历史回眸中汲取养分，树立正确的历史观、世界观、人生观。

思政课教师要扩大知识面、拓宽视野还要进行自我教育。马克思指出："环境是由人来改变的，而教育者一定是受教育的。"[①] 正所谓"活到老、学到老"。思政课教师要增强学习的自觉性和紧迫性，在学习过程中使自己的能力和素质得到提升。思政课教师肩负着社会和国家的重托，需要自觉加强学习以提高自己培养人、教育人的能力。在学习过程中，要确保自己学习的全面性、系统性、扎实性，既要向书本学，也要向实践学，既要深入学生，也要借鉴国外有益经验；要通过学习不断培养创新思维、辩证思维、法治思维、历史思维、国际思维等，不断掌握新知识、熟悉新领域、拓宽眼界和视野，做到上下贯通，从而提升育人能力。

思政课教师做到视野广阔并不是一蹴而就的，必须从学习态度、学习内容和学习方式上深入提高自身能力，拓宽自身视野。当今世界日新月异，思政课教师必须以终身学习的态度持之以恒地广泛阅读和深入研究，进而拥有更加宽广的视野。思政课教师不仅要重视书本知识的积累，而且

[①] 马克思，恩格斯. 马克思恩格斯文集：第一卷 [M]. 中共中央马克思恩格斯列宁斯大林著作编译局，编译. 北京：人民出版社，2009：504.

要注重实践知识的积累;不仅要学习思想政治理论课的专业知识,而且要学习广博的通用知识,用全面系统的知识来武装自己。思政课教师不仅要通过参加专业培训、学术研讨和教研活动等方式深入学习,而且应充分利用互联网等教育资源更新知识储备,转变教学方式,从而真正做到学贯中西、贯通古今。

五、自律要严:思政课教师要做到言教和身教的高度统一

严格自律是中国共产党坚持不忘初心、牢记使命的崇高操守,也是思政课教师在道德层面所必备的职业道德素养。在新时代,国际国内形势日益复杂,意识形态领域的斗争日渐激烈,党中央正是在这样的时代背景下提出思政课教师自律要严的要求。习近平总书记指出:"自律要严,做到课上课下一致、网上网下一致,自觉弘扬主旋律,积极传递正能量。"① 这就要求思政课教师要做到言教和身教的高度统一,树立高尚道德情操,更好地提升其价值引领能力,提升教书育人效果。学高为师,身正为范,思政课教师在用自己的学识授课的同时,更在用自己的品格育人。思政课教师的言语和行为就像一面镜子,学生可以从中看到真善美,也可以看到假恶丑。高校思政课教师只有做到言传和身教高度统一,才能够使学生在人格塑造中知行统一,进而促进学生的健康发展。

第一,思政课教师要严格把握教学内容,在思想上、政治上必须同党中央保持高度一致。思政课教师授课时要严格遵守纪律,杜绝发表反对马克思主义、怀疑共产主义、攻击嘲讽党的领导、抹黑社会主义、违反法律的言论,决不以任何理由宣传和散布与课堂教学背道而驰的内容。学生需要思政课教师的精心引导和培育,思政课教师要充分认识到自己的使命和责任,不向学生传播不良信息,要积极传递正能量。

第二,思政课教师要自觉学习和践行社会主义核心价值观。社会主义核心价值观凝聚着全体人民的共同追求,是社会主义意识形态的本质体现。思政课教师要主动承担起立德树人责任,自觉践行社会主义核心价值观,并将其融入到教学与科研的全过程,坚持"处处是课堂,事事是教材",严于律己,做到人前人后、课上课下、网上网下一个样,身体力行

---

① 中共中央办公厅、国务院办公厅. 用新时代中国特色社会主义思想铸魂育人 贯彻党的教育方针 落实立德树人根本任务[N]. 人民日报, 2019-03-19 (1).

引导和帮助学生"扣好人生的第一粒扣子"。

第三,思政课教师自律要严,要将高尚的道德要求内化于心、外化于行。教师面对的受众十分广泛,大多数学生由于年龄原因,思想和行为尚处于可塑时期,容易受到外界影响。教育的最终目的是培养人,使学生具备良好的道德品质。思政课教师可以通过良好的形象、知行合一的优良品质,潜移默化对学生产生示范效应。高尚的灵魂只能用高尚的灵魂感染,教师想要培养出道德高尚的学生,自己的道德品质必须过关。

第四,思政课教师要自觉接受监督。思政课教师要自觉接受学生、家长、教师同行及社会等的监督,在接受监督的过程中规范自己的行为。相关部门要建立多元师德监督平台,严格执行惩戒机制,对于违反职业道德、缺乏责任与进取心的教师,要及时依法依规进行处理。各学校要重视发挥榜样的力量,培育新时代严于律己、道德高尚的先进教师典型,以此来激励教师、感染教师、鼓舞教师。广大思政课教师要自觉树立看齐意识、榜样意识,学习先进典型,见贤思齐,严于自律,做到"吐辞为经、举足为法";学校要定期举办思政课教师师德经验分享会、座谈会等,促进思政课教师之间的交流,及时分享优秀经验,互相学习,打造争优创先的师德培养氛围。

习近平总书记对思政课教师"自律要严"的要求的提出,寄托了党和国家对思政课教师在道德层面的殷切期望。"要"体现了自律这一要求的必要性,"严"体现了自律这一要求的高标准性。自律不是与生俱来的,需要在后天持之以恒的努力中逐步养成。在认识层面,思政课教师必须从社会主义先进文化中涵养自律动力,明确自律动机。思政课教师可以通过学习红色革命文化、先进榜样事例涵养自律的精神动力,见贤思齐,不断提高道德修养,提升人格品质,在自身树立正确道德观的基础上将正确的道德观传授给学生。习近平总书记指出:"老师对学生的影响,离不开老师的学识和能力,更离不开老师为人处世、于国于民、于公于私所持的价值观。"[①] 思政课教师不仅要有扎实的知识功底,而且要树立高尚道德情操,更好地提升其价值引领能力,增强教书育人效果,充分重视言传身教。思政课教师必须自觉学习社会主义核心价值观,使其真正内化为心中的道德法则,进而使自身言行能够弘扬主旋律、传播正能量。思政课教师

---

① 习近平:做党和人民满意的好老师:同北京师范大学师生代表座谈时的讲话[N].人民日报,2014-09-10(2).

在日常的生活和教学中,都应将社会主义核心价值观作为自觉遵循的行为准则,用自己的模范行为和高尚人格感召学生。

六、人格要正:思政课教师要用高尚的人格感染学生、赢得学生

"百年大计,教育为本。教育大计,教师为本。"① 老师的人格力量和人格魅力是成功教育的重要条件。己欲立而立人,己欲达而达人,思政课教师首先要有堂堂正正的人格,言传身教,才能以自身人格魅力由内而外地对学生内心进行潜移默化的思想教育,引导学生健康成长。

习近平总书记指出:"人格要正,有人格,才有吸引力。亲其师,才能信其道。要有堂堂正正的人格,用高尚的人格感染学生、赢得学生,用真理的力量感召学生,以深厚的理论功底赢得学生,自觉做为人的表率,做让学生喜爱的人。"② 思政课教师人格要正主要指的是思政课教师要"用坚定的信仰引领学生、用高尚的人格感染学生、用真挚的情感打动学生、用深厚的理论功底赢得学生",思政课教师要做真善美的传播者和践行者,积极通过师德建设展现其人格魅力和素养,肩负起作为思政课教师不同于其他学科教师"塑造学生人格"的使命。思政课教师只有言传和身教高度统一,才可以使学生在人格塑造中知行统一。理论修养是思政课教师理论学习的重要内容,也是塑造"人格要正"的重要前提。思政课教师要在掌握马克思主义理论专业知识和思想政治理论课基础知识的基础上不断加强通用知识的学习,并将其内化于心,促进自身理论修养的提升。因此,思政课教师在课下应加强对马克思主义理论的专业知识的学习,以其为理论基础;在课堂上要旁征博引,展现自己广博的理论知识,展示马克思主义真理的力量,做到以理服人,用真理的力量感召学生。思政课教师要想讲好思政课,让学生心服口服,理论功底必须深厚,要充分展现思政课教师

---

① 习近平. 做党和人民满意的好老师:同北京师范大学师生代表座谈时的讲话[N]. 人民日报,2014-09-10(2).
② 中共中央办公厅,国务院办公厅. 用新时代中国特色社会主义思想铸魂育人 贯彻党的教育方针 落实立德树人根本任务[N]. 人民日报,2019-03-19(1).

的人格魅力、学识魅力,提高思政课育人实效性①。思政课教师要通过加强对马克思主义理论的学习提高自身理论素养,使马克思主义内化为信念、外化为行动,进而充分展现思政课教师的人格魅力、学识魅力,同时注重强化创新思维,提高思政课育人实效性。思政课教师对马克思主义要真学、真懂、真信、真用,坚定理想信念,提高自身理论素养。

思想政治理论课的教学实效性与思政课教师的人格魅力密切相关,思政课教师的学识、能力、情感、品德修养等综合素质熔铸成其人格,具有令人尊敬、爱戴的凝聚力。思政课教师的人格魅力是增强思政课吸引力、感染力的关键。

思政课教师的人格魅力对学生来讲是一种精神食粮,能够对学生产生潜移默化的影响,能够给学生的内心深处带来鼓舞和震动。在教育教学过程中,思政课教师要想扮演好学生思想的"引航员"角色,引导学生树立科学的世界观、人生观、价值观,离不开自身的人格魅力。

思政课教师要用人格魅力感染学生,获得学生认同,增强思政课教学的吸引力。在日趋激烈的人才竞争、繁重的学习压力下,思政课教师要想感染学生、赢得学生、成为学生的良师益友,必须拥有高尚人格。思政课不仅仅是传授知识的过程,同时也是思政课教师人格魅力展现的过程。思政课教师要把自己的情感意志、性格爱好与知识联系在一起呈现给学生,以人格魅力影响学生的学习。② 思政课教师要自觉加强自我修养,使自身具备人格魅力。

首先,思政课教师要热爱教育事业。只有热爱,才能够全心全意投入。思政课教师作为学生思想的引路人和信仰的铸造者,在教学过程中需要传授知识、传播思想和真理,更需要发自内心地热爱自己的事业,自觉担负起培养新时代社会主义接班人的责任。只有这样,才能在教学过程中成为学生的良师益友,给学生以心灵的触动,让学生真正感受到思政课的力量。

其次,思政课教师要树立正确的师德观。严格遵守纪律法规,表里如一,积极进取,这样才能够为学生树立榜样,使学生在人格塑造中做到言

---

① 秦书生,艾万丽. 当好新时代高校思想政治理论课教师的"六个要求":学习习近平在学校思想政治理论课教师座谈会上的重要讲话[J]. 现代教育管理,2019(8):48.
② 温树峰,钱嘉奇. "立德树人"理念视域下高校思政课教师人格魅力研究[J]. 改革与开放,2017(24):99.

行一致，追求上进。

最后，思政课教师要有仁爱之心。爱是教育的灵魂，没有爱的教育是缺乏说服力的。思政课面对的是学生的内心世界，是帮助学生树立正确世界观、人生观、价值观的课程。这要求思政课教师要关爱学生、懂得欣赏学生、平等对待学生，使学生在获得关心、尊重、信任的同时加强自我教育，进而成就自己。

思政课教师要用真理的力量感召学生，要用深厚的理论功底赢得学生。习近平总书记指出，马克思的思想理论"既是那个时代精神的精华又是整个人类精神的精华"①。尽管时代在变化，实践在发展，但马克思主义始终站在时代前沿，具有强大的生命力。思政课教师在课堂上要旁征博引，展示马克思主义真理的力量，做到以理服人。马克思指出："理论只要彻底，就能说服人。所谓彻底，就是抓住事物的根本。"② 思政课教师对马克思主义要真学、真懂、真信、真用，坚定理想信念，提高自身理论素养，充分展现自身的人格魅力、学识魅力，增强思政课育人实效性。

习近平总书记在学校思想政治理论课教师座谈会上提出的"六个要求"，为加强思政课教师队伍建设提供了重要遵循。思政课教师要认真学习贯彻习近平总书记在学校思想政治理论课教师座谈会上的重要讲话精神，按照"六个要求"对照自己、审视自己、检查自己，用知行合一的实际行动，塑造思政课教师的良好形象，真正成为能力和素质全面过硬的思想政治理论课教师。

第四节　新时代高校思想政治理论课改革创新的重要遵循

2019年，习近平总书记在学校思想政治理论课教师座谈会上提出了推动思想政治理论课改革创新要坚持"八个相统一"的重要论述。"八个相统一"是高校思想政治理论课改革创新的重要遵循。高校思想政治理论课教师及其领导者、管理者要深刻学习领会习近平总书记关于思想政治理论

---

① 习近平. 在纪念马克思诞辰200周年大会上的讲话［N］. 人民日报，2018-05-05（2）.
② 马克思，恩格斯. 马克思恩格斯选集：第一卷［M］. 中共中央马克思恩格斯列宁斯大林著作编译局，编译. 北京：人民出版社，2012：10.

课改革创新的重要指示精神，深化思想政治理论课教学改革，增强教学实效性，提高思想政治理论课教育教学质量。

一、坚持政治性和学理性相统一

2019年，习近平总书记主持召开学校思想政治理论课教师座谈会，指出，推动思想政治理论课改革创新，"要坚持政治性和学理性相统一"[①]。坚持政治性与学理性相统一，是高校思想政治理论课的本质属性，是高校思政课教师立德树人的使命呈现。高校思想政治理论课既要通过透彻的学理分析给学生释疑解惑，回应学生，同时还要用真理的强大力量引导学生，教育学生。

高校思想政治理论课是对大学生进行思想政治教育的重要渠道，是帮助大学生树立马克思主义信仰的重要途径。它的课程性质以及它在高等教育体系中的特殊地位决定了其必须强化思想政治教育目标。高校思想政治理论课教学不仅要让大学生理解和掌握教师所教授的内容，更重要的是要体现它的思想政治教育功能，让大学生掌握思想政治理论课的教学内容，学会运用马克思主义理论分析问题。因此，高校思政课教学必须坚持思想政治教育目标第一位原则，坚持正确的舆论导向，用科学的思想理论武装学生的头脑，使大学生系统地掌握马克思主义、中国特色社会主义理论。高校思想政治理论课教学必须服务于政治性的教学目的，更好地突出和体现这一主题。

高校思政课教学的学理性是政治性的重要支撑。思政课加强学理性教学可以使大学生在学习掌握思想政治理论课教学内容的同时，能深刻理解其内在的逻辑性，知其然并知其所以然。高校思想政治理论课政治性功能的实现渗透于学理性之中，并依靠学理性来体现。因此，高校思想政治理论课要重视学理性教学。坚持学理性，就是要善于用学理阐释政理，帮助、引导学生通过学理分析，掌握正确的思维方法，更深刻地理解政理、认同政理[②]。思政课教师要用通俗化的语言，解读教材中的基本概念和基

[①] 中共中央办公厅，国务院办公厅.用新时代中国特色社会主义思想铸魂育人 贯彻党的教育方针落实立德树人根本任务［N］.人民日报，2019-03-19（1）.

[②] 卢黎歌.坚持政治性与学理性相统一，提升思政课的说服力［J］.福建师范大学学报（哲学社会科学版），2019（4）：30.

本原理，使大学生深刻理解教学内容。思政课教师要有深厚的理论功底，对教学内容如数家珍，能以马克思主义理论为基础，以透彻的学理性分析系统地传授思政课的教学内容，解惑释疑，增强课堂教学的说服力和感染力，使学生深刻领悟马克思主义的真理性。

高校思政课教学的政治性和学理性是互为条件、互相促进、互相支撑的。政治性是建立在学理性基础之上的，建立在学理性基础之上的政治性才具有科学性。学理性需要政治性引领，离开政治性的学理性也难有社会影响力。政治性有助于提升学理性的社会关注度和社会影响力[1]。高校思想政治理论课的政治教育是最基本、最主要、最经常、最有效的形式和方法。在传授知识的过程中进行思想政治教育，这是高校思想政治理论课教学的最大特点，也是它的最大优点。加强思想政治理论课的学理性教学，把蕴含在理论中的政治性功能加以挖掘和提升，能够使学生经过思政课的学习，学会运用马克思主义的立场观点和方法来认识和理解社会现实问题，思考人生的价值，还能够有效激发大学生学理论、用理论的浓厚兴趣，使大学生学会思想、拥有思想，为未来的发展打下坚实的政治理论和思想认识基础。学理性使思想政治理论课具有了内在逻辑力量，这种力量可以深入学生的心灵，"以理服人"，促进学生"灵魂的转向"[2]，促进思想政治理论课教学的政治性。反过来，高校思想政治理论课教学的政治性功能也会促进学理性。高校思想政治理论课教学强化政治性教学，加强大学生的马克思主义信仰教育，有助于激发大学生认真学习马克思主义理论的浓厚兴趣，也有助于促进大学生在理论素养、学理层次上实现升华。

总之，高校思想政治理论课教学的政治性和学理性是相互联系、相互贯通、辩证统一的。思政课教师一方面要以高度的政治自觉讲准、讲深、讲透思政课教材的精髓要义，突出教学内容的政治性；另一方面还要以透彻的学理性教育引导大学生时时处处从政治角度看问题、想问题，增强高度的政治认同、思想认同、理论认同、情感认同。如果没有把政治性和学理性结合起来，其结果是既削弱了政治性，也削弱了学理性，不能完成立德树人的根本任务，也不能培养出合乎社会发展需要的人才，这也是思政课教师的失职。

---

[1] 陈金龙. 论思想政治理论课改革创新的路向之政治性和学理性相统一[J]. 思想理论教育导刊，2019（6）：93.

[2] 王建新. 论思想政治理论课的"学理性"与"实践性"[J]. 思想理论教育，2009（17）：59.

二、坚持价值性和知识性相统一

习近平总书记指出，推动思想政治理论课改革创新，"要坚持价值性和知识性相统一"①。这一论断表明，思想政治理论课教学，既要传授知识，又要进行价值观教育，要把二者紧密结合起来，寓价值观教育于知识传授之中。

高校思想政治理论课作为大学生的必修课程，具有科学的理论体系和完整的教学内容，担负着知识传授的任务。马克思主义是以一系列概念、范畴作为支撑，按照严密的逻辑构成若干原理和规律的知识体系。大学生作为社会主义事业的接班人，必须掌握马克思主义理论。高校思想政治理论课教学对大学生进行知识传授，其目的正是让大学生更好地学习和掌握马克思主义理论。大学生只有在深刻理解、认同马克思主义的基础上，才能真正信仰马克思主义，坚定共产主义信念。不懂得社会发展的历史，是很难理解社会主义必然代替资本主义这个科学道理的；对我们国家几千年的灿烂文化一无所知，是很难培养起自觉的爱国主义思想的。因此，高校思想政治理论课教学中知识传授是一个重要环节。

高校思想政治理论课教学的目的不仅是传授给大学生马克思主义理论知识，更重要的是要加强大学生价值观教育，引导大学生树立和践行社会主义核心价值观。应当看到，在思政课教学中实现价值性与知识性的统一，是教育实践活动规律的必然要求，是思政课改革创新的根本遵循，也是思政课改革创新的现实诉求②。只有寓价值观引导于知识传授之中，才能落实思政课立德树人的根本任务，促进大学生树立社会主义核心价值观。

高校思想政治理论课教学要在知识传授的同时强化社会主义核心价值观教育，引导大学生树立社会主义核心价值观，把实现自我价值与服务祖国人民有机结合起来，把个人理想融入社会理想，把个人智慧融入集体智慧，把个人力量融入集体力量，在自觉服务祖国和人民、实现社会价值的

---

① 中共中央办公厅，国务院办公厅.用新时代中国特色社会主义思想铸魂育人 贯彻党的教育方针 落实立德树人根本任务［N］.人民日报，2019-03-19（1）.

② 吴潜涛，姜苏容.坚持价值性和知识性相统一 推动思想政治理论课改革创新［J］.思想理论教育导刊，2019（7）：71.

过程中实现自我价值①。

高校思想政治理论课教学寓价值观引导于知识传授之中，能够使正确的价值取向渗透在深奥严谨的科学知识之中，赋予价值观教育以深刻的科学内涵和严谨的科学形态，使价值观教育更具有科学性②；能够使思政课教师所进行的价值观引导具有坚实的知识基础，可以给予大学生马克思主义理论滋养和真理力量，从而以理服人，进而启迪大学生自觉形成崇高的社会理想和人生价值观③。思政课教师在知识传授的同时把价值观教育贯穿其中，不仅使价值观教育更具有智慧，更具有艺术性，也使马克思主义、中国特色社会主义理论具有感染力和影响力。

高校思想政治理论课教学寓价值观引导于知识传授之中，要求思政课教师不仅要把思想政治理论当作科学的知识体系来传授，更要当作正确的价值体系来促进大学生将其内化于心，真正发挥思想政治理论课的思想教育功能，把大学生思政课学习与提高自身思想政治素质结合起来，促进大学生的全面发展和健康成长。

三、坚持建设性和批判性相统一

习近平总书记指出，推动思想政治理论课改革创新，"要坚持建设性和批判性相统一"④。这一论断表明，思政课教学不仅要弘扬主旋律，传导主流意识形态⑤，传递正能量，还要直面和批判各种错误观点和错误思潮，引导大学生坚信马克思主义。

意识形态斗争是看不见硝烟的斗争，意识形态工作始终是我们党的一项极其重要的工作⑥。高校思想政治理论课作为高校宣传马克思主义的主阵地，要大力宣传主流意识形态。

---

① 骆郁廷. 坚持知识教育与价值观教育紧密结合 [J]. 高校理论战线，2010 (11)：45.
② 同①.
③ 董朝霞. 思想政治理论课坚持价值性与知识性相统一论析 [J]. 思想理论教育，2019 (6)：64.
④ 中共中央办公厅，国务院办公厅. 用新时代中国特色社会主义思想铸魂育人 贯彻党的教育方针 落实立德树人根本任务 [N]. 人民日报，2019-03-19 (1).
⑤ 王韶兴，檀培培. 建设性和批判性相统一的内在意蕴及实现路径 [J]. 思想理论教育导刊，2019 (6)：99.
⑥ 王奎. 思政课实现建设性和批判性相统一的路径探析：以 "马克思主义基本原理概论" 课对西方错误思潮的分析批判为例 [J]. 思想理论教育导刊，2019 (8)：105.

在当今信息时代的背景下，信息技术发展的速度是前所未有的。网络上传播的信息鱼龙混杂、良莠不齐，出现了一些诸如历史虚无主义等非主流意识形态，还有人提出马克思主义过时论，否定中国革命，否定中国的改革开放和中国特色社会主义，企图弱化当代中国主流意识形态。一些思潮直接与思想政治理论课教学内容相抵触。这些负面信息威胁到大学生的身心健康，因此，高校思想政治理论课教学应在信息时代的大环境下来考虑这些问题，直面各种错误观点和错误思潮，教会大学生批判性思维，使他们在信息的海洋里能够经受住各种诱惑，做一个立场坚定、信仰崇高的大学生。因此，高校思想政治理论课教学要强化马克思主义的主流意识形态教育，发挥主流意识形态教育的凝聚和引导作用。思政课教师要从社会现实和学生思想实际出发，运用马克思主义理论来解释、分析和评价现实问题，与各种错误观点和错误思潮展开对话、交锋，从而展现马克思主义基本立场、基本观点、基本方法的科学性和生命力。也就是说，高校思想政治理论课教学要坚持建设性和批判性相统一，坚持有褒有批、有思想交锋，在同各种错误思潮斗争的过程中坚定马克思主义信仰，不断开创中国化马克思主义话语体系，积极同各种消极、落后乃至反动的社会思潮进行斗争，不断增强马克思主义的认同度、公信力和引导力，提高主流意识形态的影响力和号召力。高校思想政治理论课教学要在批判错误观点和错误思潮中引导大学生对主流意识形态的认同，抵御西方多元价值的冲击，澄清大学生的模糊认识，防止负面社会现象对学生思想认识的影响。

思政课的建设性旨在传导主流意识形态，而批判性着眼于批判错误观点和错误思潮，二者是使主流意识形态凝聚力和引领力发挥效应的辩证统一的两个方面[①]。坚持高校思想政治理论课建设性与批判性相统一，是高校思想政治理论课本质的重要体现[②]，需要教师始终坚持正确的政治导向，使得大学生可以在学习掌握思政课基础知识的基础上正确认识现实社会中的各种问题和各种思潮。

[①] 王韶兴，檀培培.建设性和批判性相统一的内在意蕴及实现路径[J].思想理论教育导刊，2019（6）：100.

[②] 陈锡喜，刘伟.论高校思想政治理论课建设性和批判性的统一[J].思想理论教育，2019（5）：16.

四、坚持理论性和实践性相统一

习近平总书记指出，推动思想政治理论课改革创新，"要坚持理论性和实践性相统一"①。高校思想政治理论课是用习近平新时代中国特色社会主义思想铸魂育人，其理论性不言而喻。高校每门思政课都要求使用"马克思主义理论研究和建设工程重点教材"，其内容是一套严密的理论体系。因此，高校思想政治理论课教学突出理论性，用科学理论培养人，必然要求在教学中充分论证教学内容的科学性，充分展示马克思主义的学术性和理论品位，充分展现马克思主义理论的内在魅力以激发学生的求知欲，只有全面、准确地展现思政课教学内容的科学性和价值性，才会使学生信服真理、认同真理，真心信仰马克思主义。

思政课教材中的基本概念、基本原理，其语言强调规范而不可能追求生动鲜活，教学内容比较抽象。因此，思政课教师在讲授高校思想政治理论课的主要内容时，既要注重教学内容本身的理论阐述，又要紧密联系国家大政方针和大学生日常生活实际，这样才能使大学生在分析和认识实际问题的过程中加深对理论的理解，才能把理论讲深、讲透、讲活，使大学生做到真学、真懂、真信、真用。而要做到这一点，思政课教师既要广泛联系社会发展的实际情况，又要紧密结合学生个人的实际情况，既要能够将思政课的理论知识同社会实践结合起来，又要能够使得思政课理论与实践的结合被大学生所理解、接受、喜爱。

高校思想政治理论课除了强化理论教学外，还要重视实践教学，要把思政小课堂同社会大课堂结合起来。高校思想政治理论课对理论的深层次理解和运用，需要实践教学的拓展。理论教学只能使大学生获得间接经验，初步形成理论认知，要将间接经验转化为直接经验、将理论认知内化为行为能力和身心素质②，就要通过实践活动来实现。因此，高校思想政治理论课要重视实践性，强化实践教学以提升教学效果。实践教学是理论教学的延伸，是走出书本感悟知识，其实质是对马克思主义理论知识的实践内化。实践教学可以从以下两方面开展。一是大学生结合教学内容进行

---

① 中共中央办公厅，国务院办公厅. 用新时代中国特色社会主义思想铸魂育人 贯彻党的教育方针 落实立德树人根本任务［N］. 人民日报，2019-03-19（1）.
② 曹洪军. 论高校思想政治理论课的理论性与实践性［J］. 思想理论教育，2016（5）：69.

校园日常生活调研。教师结合教材中的一些重要原理，联系当今社会热点问题，布置调研参考题，让大学生理论联系实际完成作业。马克思主义理论是从实践中来并被实践证明了的科学理论，只有联系实际，才能真正学懂，也才能真正用好。生活调研的主题一般围绕大学生学习、生活中感到困惑的问题进行，通常以学生自己申报、教师提出指导性意见的方式展开。在调研过程中，教师利用课余时间，通过面谈、邮件、电话或微信等方式，与大学生进行交流，回答大学生提出的问题，对大学生进行思想政治教育，并把解答问题与课堂教学内容结合起来，使大学生获得更多的学习资源。二是大学生结合教学内容利用节假日、课余时间进行社会调查、社会实践。社会实践是对课堂教学的延续和有效衔接。教师结合教材内容，确定大学生进行社会调查的题目。大学生进行社会调查后，写出调查报告。撰写调查报告要求运用所学到的思想政治理论知识对调研材料进行分析，归纳总结出调研结论。大学生通过调查、走访等各种形式，深入社会、深入生活，在实地考察调研过程中，了解国情、了解社情、了解民情，从而深化对思想政治理论课教学内容的理解，提高分析问题、解决问题的能力。

总之，高校思想政治理论课教学要坚持理论性和实践性相统一。坚持理论性是坚持实践性的必要准备。没有理论教学，学生无法系统掌握马克思主义，无从依靠理论指导实践活动。在实践教学上，必须做到以思想政治理论指导学生的实践，让学生在实践中感悟理论。实践教学是理论教学的拓展和延伸，必须置于思想政治理论课程体系视野下。实践教学可以使大学生深入现实中去发现、思考和解决问题，深化大学生对课堂教学内容的理解和认识，提高大学生正确看待社会现象与解决社会问题的能力。

五、坚持统一性和多样性相统一

习近平总书记指出，推动思想政治理论课改革创新，"要坚持统一性和多样性相统一"[①]。高校思想政治理论课是大学生的必修课程，由教育部规定统一使用"马克思主义理论研究和建设工程重点教材"，在教学目标、课程设置、教学内容、教学管理和学分安排等方面有统一要求。这是高校

[①] 中共中央办公厅，国务院办公厅. 用新时代中国特色社会主义思想铸魂育人 贯彻党的教育方针 落实立德树人根本任务［N］. 人民日报，2019-03-19（1）.

思想政治理论课教学的立足点，是加强和改进思想政治理论课的基本前提。除此之外，思想政治理论课教学还要坚持多样性，因地制宜、因时制宜、因材施教。一方面，思想政治理论课的政治性决定了教学目标、课程设置、教材使用、教学管理等方面的统一要求。思想政治理论课相关管理统一性要求有助于实现思想政治理论课各种教育资源的最佳组合，各管理部门在学校党组织的统一领导下，齐抓共管，协调一致，形成合力，实现思想政治教育的综合效应，共同促进思想政治理论课实现教育教学目标。因此，对思想政治理论课实行统一管理是切实加强和改进高校思想政治理论课的根本保证。另一方面，由于高校类型、专业以及大学生个体的思想情况存在差异，所以高校思想政治理论课的教学必须针对不同类型的学校、不同类型的专业、不同的教学对象以及教学对象不同的思想情况和觉悟水平区别对待，应该按照有虚有实、有棱有角、有情有义、有滋有味的教学要求①，开展具有特色的教学内容设计。虽然教材是统一的，但是，将教材转化为教学体系，具体的教学模式可以各具特色。高校思想政治理论课教学要在坚持统一性要求的基础上，根据学校情况、教师和学生的实际情况，在教学设计上增强教学内容的特色性，形成既有教师个性又有针对性的特色教学模式。

  高校思想政治理论课教学的多样性还表现在教学方法的多样性。思政课教师要灵活运用启发式教学法、案例教学法、专题教学法以及课堂讨论、演讲、辩论等教学方法。除此之外，思政课教师还要重视实践教学，包括校园文化活动、日常生活调研、参观、社会调查、社会实践等。思想政治理论课教学既要体现统一性，又要根据具体情况因地制宜、因时制宜、因材施教，体现多样性。

  总之，高校思想政治理论课的统一性保证思想政治理论课有共同原则、基本要求和教学目标，多样性使思想政治理论课教学过程丰富多彩，富有生机和活力。统一性和多样性二者的关系是辩证统一、不可分割的。多样性是统一性存在的条件和基础，统一性寓于具体的多样性发展之中。新时代高校思想政治理论课必须处理好统一性与多样性的关系。既要明确高校思想政治理论课的教学目标和基本内容，又要在充分认识和把握大学生思想情况多样性和思想觉悟的基础上，确定多样性的具体教育目标和要

---

① 秦书生，艾万丽. 当好新时代高校思想政治理论课教师的"六个要求"：学习习近平在学校思想政治理论课教师座谈会上的重要讲话［J］. 现代教育管理，2019（8）：45.

求。根据教育对象的差异性区别对待,实现统一性和多样性相统一。

六、坚持主导性和主体性相统一

习近平总书记指出,推动思想政治理论课改革创新,"要坚持主导性和主体性相统一"①。高校思想政治理论课教学是教师的"教"和学生的"学"共同构成的双向互动过程,是师生在知识、思想、情感等方面的交流过程,因此,高校思想政治理论课教学离不开教师的主导,要坚持主导性和主体性相统一的原则。教师的主导作用要以学生的主体作用为目标,学生的主体作用要以教师的主导作用为指导,二者相互作用,是辩证统一的关系。办好思政课、讲好思政课、学好思政课要求教师与学生协同努力,形成合力。

高校思政课教师是思想政治理论课教学活动的组织者、设计者,在整个课堂教学过程中起主导作用。实现思政课教学目标,教师要以正确的观点、科学的态度引领学生,采用各种途径和方法调动学生的学习积极性。思政课教师要在备课环节上多下功夫,要正确领会教材体系的精神,找出教材的内在逻辑联系,把握教材体系的要义;要通过加强理论学习,掌握马克思主义中国化最新的理论成果;要以深入浅出的语言将文件语言转换成学生容易接受的课堂教学语言,从而使其融入思政课教学过程之中。思政课教师要将马克思主义发展史同经典文本中的段落章节和教材中的基本原理有机结合起来,带领学生在当下与历史的穿越中与大师对话,拓展他们学习马克思主义理论的深度和广度,为他们解答热点问题。思政课教师要直面社会热点问题,把握正确的政治方向,为学生答疑解惑,使思政课真正做到贴近社会、贴近现实、贴近生活。思政课教师在课堂上要旁征博引,做到以理服人,以自身的人格魅力、学识魅力引导学生,做学生健康成长的指导者和引路人②。

提高思政课教学效果除了发挥教师的主导作用外,还要树立以学生为

---

① 中共中央办公厅,国务院办公厅. 用新时代中国特色社会主义思想铸魂育人 贯彻党的教育方针落实立德树人根本任务 [N]. 人民日报,2019-03-19 (1).
② 李晋玲. 高校思政课教学中的教师主导与学生主体关系研究 [J]. 当代教育论坛(管理研究),2011 (8): 63.

主体的教学理念，必须尊重并发挥学生的主体性①作用。以学生为主体要求思政课教师进行课堂教学时要从学生的特点和接受能力的角度来设计和组织课堂教学，教学目标、教学内容、教学设计、教学反馈和评价等都需要紧紧围绕学生的精神需要、思想困惑来开展，要把学生作为教学活动的出发点，充分发挥学生的学习自主性、参与性，使学生变被动学习为主动学习。思政课教师要了解当今大学生思想行为特点，通过建立微信群、QQ群等方式与学生多交流，了解自己任课班级学生的思想情况，从而能够在课堂教学中有针对性地把教学内容与学生的思想情况紧密结合起来，为学生解惑释疑。思政课课堂发挥学生主体性作用时教师要注意改进教学方法，增强课堂教学的吸引力，提高思政课的实效性。比如，运用以问题为导向的探究式教学法，通过开展课堂讨论把单向式教学变为双向式、互动式教学。探究式教学法可以有效地调动学生学习的积极性与主动性。在思政课教学中，教师提出问题，引导学生分析、回答并解决问题，课堂教学良性互动，既体现了学生在课堂教学中的主体地位，又能实现教学目标；既能提高学生学习思政课的主动性和积极性，又能使学生加深对教学内容的理解，提高分析问题的能力，坚定马克思主义政治信仰。

总之，思政课教学坚持主导性和主体性相统一，就是要充分发挥教师的主导作用，有效激发学生的主体动力②，最终创造出"以教师为主导""以学生为主体"相融合的教学模式，以此形成教师讲好思政课、学生学好思政课的良好氛围。因此，思政课教师课堂教学要从学生的思想实际、生活实际出发，围绕学生主体地位的实现来设计教学内容，激发学生的学习兴趣，使学生积极主动地参与课堂教学。只有将教师主导作用的发挥和学生主体地位的体现统一于教学过程③，使教师和学生在互动过程中密切配合，共同完成教学活动，才能营造出一种和谐愉悦、良性互动的课堂氛围，真正让学生的学习由被动转向主动，进而提高思政课教学效果，实现立德树人的教育目标。

---

① 黎琼锋. 导向深度学习：高校课堂教学改革的路径 [J]. 现代教育管理，2020（3）：101.
② 沈壮海，董祥宾. 论新时代思想政治理论课的改革创新 [J]. 思想理论教育，2019（5）：12.
③ 李晋玲. 高校思政课教学中的教师主导与学生主体关系研究 [J]. 当代教育论坛（管理研究），2011（8）：64.

七、坚持灌输性和启发性相统一

习近平总书记指出，推动思想政治理论课改革创新，"要坚持灌输性和启发性相统一"①。高校思想政治理论课教学灌输式与启发式教学方法缺一不可，必须实现二者的融合，才能提高教学实效性。

灌输式教学是思政课最常见的一种教学方法。思政课教师有目的、有计划、系统地讲解思政课教学内容，完成教学任务，灌输式教学是必不可少的。思政课课程性质和内容具有理论性、抽象性、逻辑性等特点，不能仅依靠学生自发自觉地自主学习来掌握，还需要教师采用灌输的方法来教育。高校思政课教师要理直气壮、旗帜鲜明地对学生进行社会主义意识形态的理论灌输，用科学理论武装学生，用正确的舆论引导学生。应当正确理解灌输式教学法，不能把灌输式教学法看作填鸭式、注入式的生搬硬套和强加于人。高校思想政治理论课除了要加强正面的理论灌输外，还必须采用启发式教学，采取启发、引导等方法帮助学生学好马克思主义理论。

启发式教学是思政课常见的一种教学方法。它是思政课教师根据教学目标和教学内容，以启迪学生的思维为核心，以调动学生学习主观能动性为宗旨，采取多种方式激发学生学习的积极性、主动性，引导学生分析问题和解答问题，培养学生辩证思维能力和表达能力的一种教学方法。高校思政课教师要注重启发性教育，善于运用启发式教学，引导学生分析问题、思考问题，结合教材内容精心设计一些启发性的问题，启发学生积极思维，培养学生独立思考的良好习惯，并通过质疑、讨论去寻求解决问题的答案，提高学生科学、严密地思考问题的能力。高校思政课教师在学生讨论回答问题的基础上引出结论，从而增加思想政治理论课的吸引力，使教学内容真正入脑、入心。

启发式教学对思政课教师讲授的内容提出了更高的要求。教师要精心备课，知识储备要有一定的广度和深度；教学内容要精练，语言要生动流畅，富有引导力、感染力；还要注意调动学生学习的主观能动性，使学生的情绪和思维都处在积极活跃的状态，能够争先恐后地参与课堂教学。思政课教师要综合运用多种启发形式，包括如下多种方式：对要讲授的内容

---

① 中共中央办公厅，国务院办公厅.用新时代中国特色社会主义思想铸魂育人 贯彻党的教育方针落实立德树人根本任务 [N]. 人民日报，2019-03-19 (1).

先设疑,提问启发思考;通过案例启发思考具体问题导入讲授的内容;通过一小段视频(5分钟内)启发思考导入讲授的内容;通过一句名家名言启发思考导入讲授的内容;通过对同类事物共同属性类比联想启发导入讲授的内容;等等。教师应当了解学生的兴趣所在,并以此为出发点,逐步过渡到用思想政治理论课的真理力量、逻辑力量,让学生感悟到马克思主义的科学性和先进性,从而增强思政课教学的吸引力和感染力。

总之,高校思想政治理论课教师应坚持灌输性和启发性相统一,在进行理论灌输中渗透启发式教学,充分发挥学生的主体作用,创设良好的启发教学情境,根据教学内容的需要和学生的思想实际,采取灵活多样的启发教学形式,调动学生学习的积极性和主动性,在不断启发中使学生豁然开朗。

八、坚持显性教育和隐性教育相统一

习近平总书记指出,推动思想政治理论课改革创新,"要坚持显性教育和隐性教育相统一"[①]。高校思想政治教育不仅要以思想政治理论课为主渠道,还要以人文社会科学等其他课程思想政治教育为补充。坚持显性教育和隐性教育相统一,就是坚持思想政治理论课与其他课程同向同行,百花齐放,协同改善高校课程教学,整体提升立德树人水平[②]。

高校思想政治教育中的显性教育以直接正规的方式有计划、系统地对大学生进行思想政治教育,它的最大特点就是以正面宣传为主,对学校而言,其主要表现形式就是课堂教学。思想政治理论课就是典型的显性教育。思想政治理论课以塑造和提高大学生的思想政治觉悟和道德素质为根本目的,发挥着思想政治教育的主导作用,是高校思想政治教育的主渠道主阵地。隐性教育以间接、侧面的手段进行思想政治教育,学生学习其他课程或在相关的活动中不知不觉地接受思想政治教育,使得大学生陶冶了情操,提高了思想觉悟。隐性教育可以不定期采用熏陶、渗透式的教育方法,大学生在没有意识到自己在受教育的过程中受到思想政治教育,进而

[①] 中共中央办公厅,国务院办公厅.用新时代中国特色社会主义思想铸魂育人 贯彻党的教育方针落实立德树人根本任务[N].人民日报,2019-03-19(1).
[②] 胡大平.坚持显性教育和隐性教育相统一,全面提升高校立德树人水平[J].思想理论教育导刊,2019(7):81.

达到潜移默化的教育目的。因此，要挖掘其他课程和教学方式中蕴含的思想政治教育资源。

人文社会科学等课程蕴含丰富的思想政治教育资源。人文社会科学等课程在传授知识、弘扬人文精神的同时，也表现人类追求的社会理想目标、价值观等，内含着思想政治教育。人文社会科学等课程的教学要把教书与育人统一起来，要寓思想政治教育于人文社会科学等课程之中。要结合教学内容，以知识为载体，进行思想观念的"渗透"教育，要让大学生在接受人文社会科学等课程知识的过程中受到思想政治教育，促进大学生提高思想政治素质。寓思想政治教育于人文社会科学等课程之中，就是将隐性教育渗透于显性教育。因此，人文社会科学知识本身就涵盖思想政治教育的素材，蕴含思想政治教育资源，这需要教育工作者认真发掘，以使学生掌握人文社会科学知识的同时接受思想政治教育。

新时代高校思想政治教育要坚持显性教育和隐性教育相统一，以思想政治理论课为主渠道，以挖掘人文社会科学等其他课程思想政治教育资源为补充，协同构建全员全程全方位育人的思想政治工作格局。这是高校立德树人的根本要求，是我国高等教育政策调整的必然要求，是大学生成长成才的时代要求。

总之，习近平总书记亲自主持召开学校思想政治理论课教师座谈会，同全国优秀思政课教师代表面对面谋划思政课建设大局，是建党及新中国成立以来的第一次，充分体现了对思政课和思政课教师的重视。党的领导和对思想政治理论课的高度重视为思政课建设提供了根本保证[1]。习近平总书记在学校思想政治理论课教师座谈会上提出的"八个相统一"，指明了思想政治理论课改革创新方向，为推进思政课建设提供了重要遵循。高校领导要切实将习近平总书记的重要讲话精神转化为办好学校思政课的工作思路和实际行动。"师也者，教之以事而喻诸德者也。"成功的教育离不开教师的人格力量和人格魅力。思政课教师要给学生心灵埋下真善美的种子，必须欲正人先正己，加强道德修养，不断完善自身人格。情怀要深，就是要对国家和人民要有深情大爱，把个人理想与国家民族命运紧紧联系在一起。思政课教师要用爱心去塑造、用真诚去感召、用人格去熏陶，用心铸造思政课教师为师之道，才能实现立德树人的目标。高校思政课教师

---

[1] 李辉，佘双好，刘勇，等. 学习贯彻学校思想政治理论课教师座谈会精神笔谈 [J]. 思想政治教育研究，2019（2）：1.

要深入学习贯彻落实座谈会精神，充分认识思想政治理论课在学校人才培养中所发挥的重要作用，切实增强自身的责任意识，坚持"八个相统一"原则，在促进教学内容更加丰富鲜活、教法方式更加多元生动、研究阐释更加精准有效上下功夫，切实增强思政课的思想性、理论性和亲和力、针对性，提高思想政治理论课的教学实效性。

第三章 新时代高校思想政治理论课教学内容改革创新

在一定意义上,教学改革是常提常新、与时俱进的。新时代高校思想政治理论课教学改革就要针对当前教学中存在的各种问题来进行。新时代高校思想政治理论课教学改革包括教学过程中各方面、各环节的改革,其中教学内容的改革是最根本的。新时代高校思想政治理论课教学内容的改革创新,一方面要突出政治性,始终将政治性作为思想政治理论课教学的灵魂与核心贯穿始终,确保其发挥政治教育主阵地、主渠道作用;另一方面要体现前沿性,努力跟踪学科前沿,力争实现用最先进、最前沿的理论武装大学生。

第一节 马克思主义经典原著融入高校思想政治理论课教学

高校思政课程开设的主要目的是要对大学生进行马克思主义理论教育,帮助大学生掌握马克思主义的世界观和方法论,树立科学的人生观和价值观,坚定社会主义和共产主义的信念,学会用马克思主义的世界观和方法论观察和分析问题。要完整准确地理解和把握马克思主义理论,必须认真研读马克思主义经典原著。思政课教学适当开展马克思主义经典原著的学习解读,将原理与原著结合起来,是提高思政课教学效果的重要方式[①]。

[①] 秦书生,鞠传国. 马克思主义经典原著融入"原理"课教学探析 [J]. 学理论,2017(10):226.

一、高校思想政治理论课教学融入马克思主义经典著作的必要性

马克思主义理论来源于马克思主义经典著作，要想教好学好思政课、完整准确地理解马克思主义，就必须认真地学习研读经典著作。正如恩格斯所言："我请您根据原著来研究这个理论，而不要根据第二手的材料来进行研究——这的确要容易得多。"① 恩格斯所说的"这个理论"指的就是马克思主义。这句话明确地告诉我们，理解马克思主义的最佳途径在于研读马克思主义的经典著作。习近平也曾对研读马克思主义经典著作进行过阐释，他说："广大党员、干部特别是高级干部要学好用好《共产党宣言》等马克思主义经典著作，坚持学以致用、用以促学，原原本本学，熟读精思、学深悟透，熟练掌握马克思主义立场、观点、方法，不断提高马克思主义理论素养。"② 由此看来，马克思主义经典著作是进行马克思主义理论教育教学的基本理论依据与原始文本思想的材料来源，离开马克思主义经典著作的马克思主义理论教育则会成为无源之水、无本之木。文本解读是正确理解马克思主义的重要前提。回到文本，才能奠定坚实的理论基础。对马克思主义经典的研读，正是我们对马克思主义理论了解、消化、吸收的过程。

二、高校思想政治理论课课堂教学融入马克思主义经典著作的着力点

在高校思想政治理论课课堂教学中融入马克思主义经典著作，思政课教师可以从教材解读、授课方式、授课媒介、考核方式等多方面努力创新，真正实现马克思主义经典著作与思政课的紧密结合。

其一，在思政课课堂教学中融入马克思主义经典著作，需要思政课教师认真备课、吃透教材，深化教学内容，实现马克思主义经典著作与具体授课内容的紧密结合。思政课的教学研究离不开教材，而深入理解教材、

---

① 马克思，恩格斯. 马克思恩格斯选集：第四卷 [M]. 中共中央马克思恩格斯列宁斯大林著作编译局，编译. 北京：人民出版社，1995：697.
② 习近平. 论党的宣传思想工作 [M]. 北京：中央文献出版社，2020：316.

认真教好教材又都离不开马克思主义经典著作。思政课教师应当在讲授相应章节的过程中广泛地征引马克思主义经典著作的话语内容，这样既能够有效地论证马克思主义的基本原理，引领学生真正理解掌握马克思主义的立场、观点和方法，又能够带领学生熟悉马克思主义经典著作，减少他们对马克思主义经典著作的陌生感和距离感，方便他们在课余时间自己阅读马克思主义经典著作。当然，要做到这一点，需要思政课教师自己能够认真研读马克思主义经典著作，下功夫做好备课工作，提高自身的理论水平与教学水平。

其二，在思政课课堂教学中融入马克思主义经典著作，需要思政课教师创新授课方式。在遵循教材、吃透教材的前提下，在实现思政课教材与马克思主义经典著作紧密结合的基础上，思政课教师应当积极推动教材体系向教学体系的转化，可以结合具体的授课内容与教学条件灵活发挥，创新授课方式。思政课教师应当开动脑筋，采取讲授、讨论、研读、报告、辩论等多种多样的授课方式，例如结合时事政治与社会热点展开马克思主义基本原理的深入讲解与马克思主义经典著作的细致研读，积极活跃课堂氛围，激发学生兴趣，引导学生主动将思政课的学习同阅读马克思主义经典著作结合起来。

其三，在思政课课堂教学中融入马克思主义经典著作，需要思政课教师积极使用新的授课媒介。思政课教师需要深入了解大学生的学习习惯、生活习惯与兴趣爱好，通过新媒体的创新使用，改变大学生对马克思主义经典著作艰深枯燥的刻板印象，使思政课的课堂学习与马克思主义经典著作的阅读探讨变得轻松活泼。例如，可以通过马克思主义经典著作视频、音频资料库的建设来丰富大学生的学习方式，可以加强网络教学建设，通过微博、微信公众号、豆瓣社区等大学生喜闻乐见的传播媒介，多渠道助推马克思主义经典著作的阅读学习。总而言之，要通过新媒介的创新使用，使得马克思主义基本原理与马克思主义经典著作从传统的书籍中走出来，变得更加立体、更加鲜活，帮助大学生更好地学习阅读，进而理解掌握马克思主义基本原理与马克思主义经典著作。

其四，在思政课课堂教学中融入马克思主义经典著作，需要思政课教师采取有针对性的考核方式。思政课教师可以通过布置学生写读后感或小论文作为期中作业来引导大学生认真完成马克思主义经典著作的阅读学习，考查大学生思政课教学内容与马克思主义经典著作相互结合的学习情况。

三、大学生课外学习阅读马克思主义经典著作要掌握的一些方法

由于课时有限,思政课教师不可能在课堂上充分展开对马克思主义经典著作的深入解读,这就需要大学生自己在课后时间自主完成思政课课堂教学与马克思主义经典著作的结合任务。大学生通过研读马克思主义经典著作学习马克思主义理论时需要掌握一些方法。

一要精心研读经典著作。经典著作中蕴含着丰富而深刻的基本原理,必须以科学严谨的态度,认认真真地研究把握其中的基本原理与思维方法。马克思主义揭示了自然、社会和人类思想发展的一般规律,是经过反复实践证明了的科学真理。马克思、恩格斯的经典著作文风朴实,但由于时代差异、东西方文化之间的差异以及翻译转换等因素,有些著作并不容易读懂,需要学生下功夫攻坚克难。

二要把学习原著与把握中国化马克思主义理论结合起来。马克思主义经典作家的基本思想和原理是中国化马克思主义理论的指导原则,同时中国化马克思主义理论以其特殊的形式发展创新了马克思主义,使其自身成为马克思主义基本原理的重要组成部分。首先要了解什么是马克思主义,在此基础上自觉地把马克思主义基本原理与中国的具体实际结合起来,把马克思主义与中国优秀的传统文化结合起来,努力学习毛泽东思想和中国特色社会主义理论体系,全面系统地把握其与马克思主义一脉相承又与时俱进的关系,从而更加深刻全面地理解马克思主义。

三要坚持理论联系实际。马克思曾经说过,"哲学家们只是用不同的方式解释世界,问题在于改变世界"[①]。这就告诉我们马克思主义理论不是书斋里的学问,而是应用于实践中解决实际问题的思想武器,学习经典著作必须坚持理论联系实际,把改造主观世界同改造客观世界联系起来。学习马克思主义更要学以致用,理论联系实际,灵活地把马克思主义认识论具体地应用到现实生活中去,开动脑筋对现实生活世界中的问题进行深入的思考,这样才能学懂弄通马克思主义。

---

① 马克思,恩格斯. 马克思恩格斯文集:第一卷 [M]. 中共中央马克思恩格斯列宁斯大林著作编译局,编译. 北京:人民出版社,2009:502.

四要把学习原著与提升思维能力结合起来。恩格斯说:"一个民族要想站在科学的最高峰,就一刻也不能没有理论思维。"① 理论思维是把握复杂的生活世界所必需的能力,而这种能力绝不是与生俱来的,需要锻炼和培养,"而为了进行这种培养,除了学习以往的哲学,直到现在还没有别的办法"②。马克思、恩格斯的经典著作涉及哲学、政治经济学与科学社会主义等方面,视野开阔、思想深邃,是对时代主题和人类命运进行理性思考的重要成果,也是运用理论思维的典范。马克思主义所提供给大学生的就是一种科学思维方法,是一种既深邃又科学的人类思维图示,大学生学习原著既要专注于其中的知识,更要自觉地增强自身的思想深度和思维能力,领会经典作家研究问题、观察问题、解决问题的思维方法。学习这些经典著作,本身就是增长知识、开阔眼界、增加思维深度和训练思维方式的过程。因此,大学生既要学习经典著作中的基本原理,也要领会经典作家研究和解决问题的思维方法,做到二者有机结合、相互促进。

五要把提升个人境界与坚定理想信念结合起来。马克思主义以理论的形式反映了人类社会进步的崇高价值追求,它以广大人民的根本利益为己任,以推翻一切剥削制度为己任,一句话,它既是科学也是信仰。马克思主义经典著作体现了马克思主义基本原理的科学性、革命性、真理性以及价值性的高度统一。大学生要努力学习原著中深刻的思想,同时也要自觉地感受无产阶级理论家崇高的人格魅力,提升自己的精神境界,坚定理想信念,树立正确的世界观、人生观、价值观。

第二节 党的二十大精神融入高校思政课教学

党的二十大报告是百年大党在时代之变、历史之变、世界之变中明确前进方向的政治宣言书,通篇都充满着马克思主义的真理力量,展示了中国共产党的理论自觉和政治智慧,以及以中国式现代化实现中华民族伟大复兴的光明前景。党的二十大精神是推进我国各项事业发展的方针指南,是武装大学生的科学理论。高校思政课是大学生思想政治教育的前沿阵

---

① 马克思,恩格斯. 马克思恩格斯文集:第九卷 [M]. 中共中央马克思恩格斯列宁斯大林著作编译局,编译. 北京:人民出版社,2009:437.
② 同①:436.

地，面向广大青年学生，发挥着凝聚思想和传播主流价值的重要作用。将党的二十大精神融入高校思政课教学，是落实立德树人根本任务的必然要求，也是大学生学习领会党的二十大精神的重要渠道。

一、党的二十大精神融入高校思政课的价值意蕴

党的二十大精神融入高校思政课教学，使得党最新的理论精粹和战略思想能够第一时间向大学生阐释清楚，走进学生心中，让大学生在关注时事热点问题时有更加深刻的体悟，激扬其奋发有为的斗志，坚定其理想信念。党的二十大精神和思政课相辅相成、相得益彰，有助于学习贯彻习近平新时代中国特色社会主义思想，提高思政课教学效果，为大学生成长成才开辟道路，为党和国家事业发展凝智聚力。

第一，有助于落实立德树人根本任务。党的二十大报告强调教育要"培养德智体美劳全面发展的社会主义建设者和接班人"[1]，并且把教育、科技、人才这三个方面整合到一起加以论述，彰显了对立德树人工作的高度重视。思政课是理论传播和实践笃行的高度统一，是落实立德树人根本任务的关键课程，发挥着基础性的作用，也是高校努力培养社会主义建设者和接班人的重要抓手。把党的二十大精神融入思政课教学，在思政课堂上引导大学生将个人理想和民族复兴联系起来，补足精神上的"钙"，增强大学生愿担当的意识和肯吃苦的毅力，提高辨别是非的能力和定力，明确政治站位、坚定理想信念。党的二十大报告沿着"党用伟大奋斗创造了百年伟业，也一定能用新的伟大奋斗创造新的伟业"[2]的逻辑理路，生动彰显了自信自强、奋斗不息的精神品质。党的二十大精神融入思政课，有助于大学生接受思想淬炼，引导大学生一切以我们正在做的事情为基本出发点，练就脚踏实地的实干精神。以舍我其谁的实干担当意识、只争朝夕的拼搏精神为实现第二个百年奋斗目标贡献青春力量，切实地将实干兴邦、久久为功、钉钉子精神内化于心、外化于行。因此，把党的二十大精神融入思政课，真正发挥了思政课育人育才的功能。

第二，有助于推进习近平新时代中国特色社会主义思想进课堂、进学

---

[1] 习近平. 高举中国特色社会主义伟大旗帜 为全面建设社会主义现代化国家而团结奋斗：在中国共产党第二十次全国代表大会上的报告[M]. 北京：人民出版社，2022：34.

[2] 同[1]：71.

生头脑。党的二十大报告中系统全面地概括了习近平新时代中国特色社会主义思想的主要内容，深刻阐述了坚持和发展马克思主义要做到的"两个结合"和继续推进实践基础上的理论创新应该遵循的"六个必须坚持"。把党的二十大精神融入思政课，有助于促进思政课教师深入学习习近平新时代中国特色社会主义思想，并在课堂教学中有机融入，从而帮助大学生理解和掌握习近平新时代中国特色社会主义思想，提升思政课的思想政治教育功能。习近平新时代中国特色社会主义思想贯穿马克思主义立场观点方法，具有强大的理论说服力和实践导向力。把党的二十大精神融入思政课，有助于大学生坚定"四个自信"，运用习近平新时代中国特色社会主义思想的世界观和方法论更加准确地判断未来世界动态和中国发展方向，在社会和国家的统一有机体中找准实现自我价值的时代坐标。

第三，有助于提升思政课育人效果。党的二十大精神蕴含着丰富的、具有现实指导价值的新理论、新思想、新策略，其中的内容与思政课教学相互观照、彼此契合，极大地丰富了思政课的教学内容。把党的二十大精神融入高校思政课，有助于思政课在内容上保证常学常新，引导大学生看清世情、国情、党情，回应了大学生对于社会和理论热点问题的关注，显著增强了思政课教学的感染力。大学生思维活跃、思想前卫，容易接受新事物，不断追求新知识、开拓新领域。党的二十大精神在充盈思政课内容的同时，有助于大学生形成符合新时代中国特色社会主义所要求的政治素养、思想品格和道德追求，实现思政课内容更新和育人育才双向发力；党的二十大精神融入思政课，拓宽了思政课教学的视域，不仅为思政课程铸魂，而且为思政课教学赋能，在学思践悟、知行统一中提升思政课教学效果。

第四，有助于增强大学生的使命担当。新时代新征程上增添了很多发展机遇，但同时我们也面临着"两个大局"的时代背景。外部环境发生复杂深刻的变化，保护主义、单边主义、世界经济低迷，全球产业链因为一些非经济因素而受到冲击，国际上政治、经济、科技、文化、安全等方面都在发生调整变革。我们内部环境经济长期向好的基本面貌没有改变，但是发展的不平衡不充分问题仍然突出，推动高质量发展、增强科技创新能力，让人民群众过上幸福生活还需要付出更加艰辛的努力。我们党在执政过程中面临的"四大考验"和"四种危险"长期存在，对此，我们必须要保持清醒的头脑。青年一代是接续党和国家事业发展的生力军，是实现党和国家长足发展的新鲜血液。党的二十大全面总结了过去五年的工作和新时代十年的伟大变革，深刻阐释了党的创新理论，明确了新时代新征程的使命任务、大政方针以及党和国家事业的未来走向。把党的二十大精神融入思政课，用党的创新理论武装大学生的头脑，有助于教育引导广大青年学生知重负重，增强对党的信任和信心，形成对"党是最高的政治领导力量"的高度认同，深刻领悟"两个确立"的决定性意义。把党的二十大精神有机融入思政课，有助于大学生在责任使命的号召下，积极主动参与国家建设，增强大学生的使命担当，立志投身建设社会主义现代化强国事业。将党的二十大精神传授给大学生，进而引导他们认真思考中国道路、理论、制度和文化，有助于厚植大学生的爱党爱国情怀，体悟百年大党胸怀天下的宽广视野，进一步让大学生博学重能、不负重托，为党和国家事业发展注入源源不断的活水。

二、党的二十大精神融入高校思政课的基本原则

把党的二十大精神融入思政课并不是简单直接地在课堂上宣讲有关内容，而是要求思政课教师根据教育的受众群体选择合适的教法，将马克思主义中国化时代化的最新成果阐述出来，培养大学生的政治认同、思想认同和情感认同，提升课堂教学效果。因此，把党的二十大精神融入高校思政课就需要坚持基本的教学原则，增强党的二十大精神融入思政课的系统性、学理性和有效性。

第一，坚持守正与创新相统一。把党的二十大精神融入思政课，必须在教育教学中秉承守正创新的原则，在守正基础上创新，在创新基础上守正。一方面，"守正"才可以立得住、行得稳。党的二十大精神融入思政课要"守正"马克思主义这一根本，绝不偏离马克思主义的根本立场、观点、方法；党的二十大精神与中华优秀传统文化是高度相通的，要"守正"中华优秀传统文化，优秀的传统文化作为中华民族的独有标识，积聚着中华民族最深层次的精神追求；同时也要保持思政课内容体系的完整性和稳定性，把基本的理论教育传授给学生，落实立德树人的根本任务。另一方面，思政课教学必须适时地增添时代内涵。思政课作为学生了解党和国家新政策、新任务的重要窗口，与时俱进、吐故纳新、推陈出新是思政课教学应该遵守的原则。因此，把党的二十大精神融入思政课，就是把马克思主义中国化时代化的最新理论成果融入教学中，阐明习近平新时代中

国特色社会主义思想的世界观和方法论，讲清楚习近平新时代中国特色社会主义思想对发展马克思主义的原创性理论贡献。

第二，坚持科学性和意识形态性相统一。党的二十大报告是一篇闪耀着马克思主义真理光辉的文献，具有鲜明的科学性和意识形态性。党的二十大精神融入思政课必须将科学性和意识形态性的统一贯穿到教育教学的全过程，采用马克思主义的语言范畴、思想理论、科学范式，通过其严谨性、学术性、科学性彰显其强大的意识形态功能。党的二十大精神融入思政课的目的是要帮助学生树立坚定的马克思主义信仰，用习近平新时代中国特色社会主义思想的理论武装头脑，从而在根本上坚持马克思主义在意识形态领域的根本指导地位，筑牢我国意识形态领域的前沿阵地，壮大奋进新征程的主流价值思想，始终高举中国特色社会主义伟大旗帜，在社会主义的发展道路上始终不动摇。意识形态性是思想政治教育不可淡化的属性。党的二十大精神融入思政课就是要充分发挥思想政治教育的"传声筒""防护网""调和器""催化剂"的作用，用马克思主义中国化时代化的最新理论成果武装学生头脑，凝聚起具有强大吸引力和向心力的社会主义意识形态。

第三，坚持全面性和重点性相统一。把党的二十大精神融入思政课坚持全面性和重点性相结合，既要全面体现党的二十大精神的丰富内容，又要结合思政课特点突出融入的重点，以增强融入的针对性和着眼点。把党的二十大精神融入思政课要坚持把学习贯彻党的二十大精神同学习马克思主义理论相互联系、相互贯通。党的二十大报告蕴含着马克思主义的科学真理力量，二者是相互融汇关联的。把党的二十大精神融入思政课要把学习贯彻党的二十大精神同把握党的二十大作出的各项战略部署贯通起来，使学生深刻认识党的二十大关于党和国家事业各项战略部署的整体性、关联性、协同性，明确新时代新征程"五位一体"总体布局和"四个全面"战略布局，明确中国式现代化的开创性价值。在教学中还要注重增强学生认识国际形势的能力，使国防和军队建设、港澳台工作以及外交方针政策深入学生的内心，增强学生的爱国情、报国志。把党的二十大精神融入思政课应聚焦党的二十大报告中提出的新概括、新表述、新论断、新观点，抓住这些重点着力向学生阐释好、阐释透；要结合教材内容，寻找教材与党的二十大报告的契合点重点融入，讲活思政课。要了解学生对党的二十大精神的关注点，以问题为导向，引发学生的思考和讨论，让学生将理论与实际结合起来，推动党的二十大精神入脑、入心。

第四，坚持内容融入与精神涵养相统一。把党的二十大精神融入思政课要在保留教材原有结构体系的基础上，全面准确领会党的二十大精神，掌握其基本内容和精髓，并且有机融入到思政课教材的相关章节中进行深度解读，以深入浅出的语言将报告语言转换为学生容易接受的课堂教学语言，用通俗易懂的语言将党的二十大精神的丰富哲理讲实讲活。党的二十大精神融入思政课要聚焦党的二十大蕴含的理论创新、实践创新和制度创新成果，结合大学生的认知特点和接受水平，讲清楚"新时代十年的伟大变革"和"三件大事"，以及今后我们党要以中国式现代化全面推进中华民族伟大复兴的中心任务，要紧紧围绕"五个牢牢把握""六个必须坚持""两个结合"等为重点，解决内容上"融什么"的问题，在深刻回答现实问题中增强对"两个确立"的价值认同感，引导学生全面理解马克思主义在新时代中国的创新发展。把党的二十大精神融入思政课教学不仅要实现党的二十大报告内容的融入，还要进一步发挥党的二十大精神的涵养作用。党的二十大报告提到了这些精神：伟大建党精神、钉钉子精神、历史自觉和主动精神、斗争精神、社会主义法治精神、中国共产党人精神谱系、战斗精神、人民首创精神。在融入过程中，要充分向学生阐明党的二十大报告中的这些精神品质，结合实际案例，达到鼓舞学生的作用，让学生争做走在时代前列的探索者、奋进者和奉献者。传承和弘扬以伟大建党精神为源头的精神谱系，增强对当代大学生的精神感召力。

第五，坚持知识性和价值性相统一。思政课的核心是马克思主义的科学理论，要不断进行系统化、理论化、科学化的知识传授，引导学生朝着求真理、悟道理、明事理的方向迈步。把党的二十大精神融入思政课教学中既强调知识性又注重价值性，在讲授党的二十大精神创新理论成果中承载其知识性，体现其价值性。把党的二十大精神融入思政课教学，既要讲清楚新时代新征程中国共产党的使命任务和重大战略部署，又要在讲授过程中传播思想、塑造当代大学生的优秀人格，让学生深刻理解领会马克思主义行、中国化时代化的马克思主义行，引导学生坚定不移听党话、跟党走。思政课教学知识性和价值性缺一不可，价值性是思政课的应然性，是根本属性。思政课重在塑造学生的世界观、人生观和价值观，坚定大学生的信仰和信念。因此，思政课教师在讲授党的二十大精神、使学生深度领略其理论精髓的同时，需要努力使学生做到真懂真信真学马克思主义，用习近平新时代中国特色社会主义思想武装头脑，指导学生的未来道路，进一步坚定学生对社会主义必胜的信念，激励学生脚踏实地为建设中国特色社会主义事业贡献青春力量。绝不能离开知识空谈价值，也不能仅仅灌输知识而缺少理论总结和升华。思政课教师要认真学习领会党的二十大报告精神，且具有扎实的理论功底，潜心做好学术研究，将知识目标和价值目标贯穿到教案、教学设计中，做到知识性和价值性的统一，理论知识讲授和信仰信念信心坚定的并驾齐驱、有机结合，实现思政课立德树人的教学目标。

第六，坚持理论思维和历史思维相统一。把党的二十大精神融入思政课教学，以期达到潜移默化的育人效果，就要坚持理论思维和历史思维相统一，用理论思维指导学生看清历史，用历史思维去掌握理论知识。把党的二十大精神融入思政课教学需要保持一定的学理性，彰显其理论性。思政课教师要深入阐释党的二十大精神的内涵，精准把握其外延，以彻底的、鲜活的理论说服学生，以真理力量激励学生，使学生掌握党的二十大精神的理论内涵和精神实质，使得学生的思想境界和认识高度符合国家对青年的要求。党的二十大报告体现了大历史观视野，思政课教师要站在大历史观的角度审视中国共产党带领中国人民取得的一系列成就，以此来更好地理解思政课所讲的理论知识，提高学生运用理论知识指导实践的本领。把党的二十大精神融入思政课教学坚持理论思维和历史思维相统一，既要讲究教学方法，又要讲究教学过程中的逻辑顺序，做到既不失历史之活力，又不乏思政课之科学，培养学生的历史自信和理论自信，使学生以强烈的使命担当和责任感把握历史规律，掌握历史主动性，全身心地投入到全面建设社会主义现代化强国的伟大实践中，在实干笃行中释放青春活力。

三、党的二十大精神融入高校思政课的基本路径

推进党的二十大精神融入高校思政课，回应学生对于党的最新理论成果的关切，就需要使党的二十大精神真正在学生心中"落地生根"，并且为学生所认同和使用。因此，高校思政课教师要建构系统完善的融入体系，从多角度系统融入、有机融入。

第一，思政课教师要深刻领悟党的二十大精神的精髓要义。思政课教师承担着党的二十大精神进课堂的首要责任，是把党的二十大精神进课堂

的主导力量。全面准确地理解诠释党的二十大精神又是推进党的二十大精神进课堂、进教材、进头脑的重要前提。思政课教师要在全面学习、掌握和落实党的二十大精神上下真功夫。思政课教师要把党的二十大精神与思政课内容有机结合，抓好教材体系向教学体系转化。把党的二十大精神的内容融入课堂教学，既能系统地向学生讲授思政课教学内容，诠释不断丰富与发展的马克思主义理论，用思想和理论的魅力感染、影响学生，又能把握教学体系的整体框架、发展脉络与思想精髓，实现思想性、教育性、科学性的统一。思政课教师要努力提高自己对党的二十大精神的认识，全面、系统地掌握党的二十大精神，为思政课教学提供充足的知识储备。

党的二十大报告既具有政治上的高瞻远瞩和理论上的创新成果，又有具体目标上的科学谋划和工作上的战略部署，因此，高校思政课教师要原汁原味地学习报告全文，明确党的二十大的主题。思政课教师要深度理解"三个务必""两个结合""五个必由之路"的新命题，思考我们党团结带领人民在过去五年取得的成就，尤其是新时代十年伟大变革的深层次原因，理解弄通中国化时代化马克思主义的理论创新成果，以及新时代新征程上的使命任务和各个领域的具体规划。思政课教师对报告的内容熟记于心只是第一步，接下来就是要努力掌握其中的核心要义、精神实质和实践要求。对党的二十大精神的学习领悟不能仅仅囿于报告本身，还需要把学习主旨报告同学习大会系列讲话和相关文件联系起来，同时也要把"战线"拉长，将党的十八大报告、十九大报告和《中共中央关于党的百年奋斗重大成就和历史经验的决议》等十八大以来的重要文献结合起来学习，用好《党的二十大报告辅导读本》《党的二十大报告学习辅导百问》等权威辅导读物，澄清模糊认识，加深对重大理论命题的理解，理清报告的历史逻辑、理论逻辑和实践逻辑，知其源头脉络，更知其未来的发展方向。思政课教师唯有如此，做好充分的量的积累，以高度的政治自觉和强烈的历史担当才能有信心向学生讲授党的二十大精神的理论精髓。

第二，要加强集体备课，群策群力保障党的二十大精神的有效融入。集体备课的方式使得各个教学主体之间能更加深切地沟通。党的二十大精神能否有效地融入高校思政课，关键还需要思政课教师加强合作，提高教学能力，在理解弄通的基础上才可以更好地传授给学生。把党的二十大精神融入思政课教学，要加强集体备课，就是把同一门思政课教师集合起来，围绕党的二十大精神融入思政课教学过程中的重难点、学生认知情况、教学方法等分享经验、互动交流，共同探讨把党的二十大精神融入思政课的内容、途径与方法，其最终目的就在于深度研究党的二十大精神融入思政课教学内容，熟悉和把握学情，进而全面提升融入效果。通过集体备课的形式促使广大思政课教师多维度、深层次研究党的二十大报告全文内容，精准诠释党的二十大精神。思政课教师扮演的是课堂主导角色，围绕党的二十大精神实质融入思政课教育教学这一备课主题，深入思考党的二十大精神融入思政课"讲什么内容、为什么这样讲、怎么才能讲好讲透讲实"等重要环节。通过集体备课的形式，使党的二十大精神融入思政课，有步骤、有计划地推动集体学习成果转化为课程教学的内容。

第三，精心设置教学设计，实现教材章节、教学内容、教学方式三者的有机融入。思政课教师要研究党的二十大精神融入思政课教学体系的结合点，教学设计要有创意，优化教育教学方法。把党的二十大精神融入思政课教学要遵循整体性原则，打破原有教材顺序的限制，重新精选、组织教学材料和内容，将党的二十大精神中体现思政课的教学内容理论化、系统化，形成相互联系的若干个专题，再通过有针对性的讲解使学生形成关于党的二十大精神的整体认知，以便学生从整体上系统学习领会党的二十大精神。要创新思政课教学方法，增强党的二十大精神在课堂上的贯彻力和吸引力。思政课教学只有教学方法多样、触动学生心灵、引发学生共鸣，教学才能取得事半功倍的效果。因而要下功夫设计好教学课件。教学课件设计应简单明了，知识结构框架应条理清晰，并适当地穿插习近平总书记讲话的图片、音频、视频等资料，实现多媒体教学内容的丰富性，以此来吸引学生的注意力，提升学生的兴趣度，使得党的二十大报告更有说服力和感染力。同时，思政课教师应抓住学生的学习兴趣、心理动态、价值取向、审美观点等特点，深入研究教学方法，遵循教育规律，通过各式各样的授课方法，提升教学的吸引力。思政课教学过程是一项需要教师与学生在充分发挥自主性的基础上相互配合的实践性活动。把党的二十大精神融入思政课教学体系的设计，要充分考虑到如何最大限度地激发师生的积极性与主动性，实现二者的密切配合。例如，应用专题教育法、问题导向教学法、启发式教学法、研究式教学法、案例教学法等将党的二十大精神切实地融入思政课教学中，不仅要创新教师的教法，而且还要在一定程度上创新学生的学法，以生动化的教学模式，调动学生学习的积极性和主动性，实现双向交流、教学相长。

第四，充分利用现代化教学手段，提升党的二十大精神的融入效果。高校思政课教师必须高度重视教学手段的创新和教学模式的优化升级，充分利用现代化教学手段，搭建网络教学平台，提升党的二十大精神融入思政课的形式的创新性和内容的充实性。思政课教师要主动契合当代大学生的心理需求和信息接受方式，借助网络平台辅助课堂教学，通过写实且生动的网络作品引发学生的认知共鸣和情感共情，帮助学生在理论认同的过程中实现思想品格和道德认识水平的提高。可以采取线上线下结合教学提升党的二十大精神融入思政课教学时效性。一方面，要充分发挥传统课堂线下教学的优势，讲清思政课的基本理论和其中的重难点，将党的二十大精神的研究贯穿其中，帮助学生建立起完整的理论架构和知识体系；另一方面，要加强实践教学，选择适合的信息技术手段，善于运用视频技术使学生感悟到中国共产党百年奋斗的峥嵘历程，增强学生在线上教学中的参与感和获得感。现代信息技术和新媒体平台的高效利用，丰富多样的网上教学资源运用于党的二十大精神宣传教育，极大地拓展了思政课教学的网络阵地。这不仅创新了思政课教学的手段，而且更有利于党的二十大精神和思政课教学内容的生动结合。思政课教师要正确引导学生运用微信公众号和视频号、学校官网、主要央媒平台以及党的刊物自主学习、宣传和思考党的二十大精神，充分使得线上教育和线下教学"无缝衔接"，提升党的二十大精神融入思政课的实效性，使党的二十大精神真正地入脑、入心、入行。

第五，加强学术研究，以科研反哺思政课教学。把党的二十大精神融入思政课过程的重要前提是进行党的二十大精神的学术研究和阐释，党的二十大精神融入着力点的选择和融合体系的建构全部建立在学理性研究分析的基础上，只有具备较为扎实的理论功底和较高的学术研究能力，才能全面把握、准确理解党的二十大报告提出的理论创新点，才能促进理论研究向教学实践的积极转化，更好地把握党的二十大报告各部分之间的内在逻辑，才能深刻揭示党的二十大报告中蕴含的精神实质。教育家钱伟长指出，"教学没有科研做底蕴，就是一种没有观点的教育，没有灵魂的教育。"[①] 科研与教学犹如人的双手和大脑，二者相互依存、相互作用。党的二十大精神具有很强的理论性，高校思政课教师要想把理论知识与党的二

[①] 钱伟长. 钱伟长院士论教学与科研关系 [J]. 山西师大学报（社会科学版），2005（2）：117.

十大精神很好地结合在一起，就要把党的二十大精神融入思政课的科研工作中。马克思主义基本原理具有普遍的、长远的指导意义，但是对于原理的内容要时刻以当时的历史条件为转移。思政课教师应重视研究党的二十大精神所体现的马克思主义立场、观点、方法，发表相关论文，申报相关课题，把自己研究的成果教给学生，形成以研促教、教研相长的良性互动。唯有如此，才能更全面地了解学生，解答学生之所惑，为做好教书育人工作传播正能量，为国家和民族发展培养出高素养的马克思主义领军人才[①]。

思政课是一门理论教育课，只有接受了理论教育才可以获得长足的实践价值。学术研究就是加强理论教育的最佳方式，从而在更深层次上提高教师的思想理论水平。因此，夯实科研基础、加强学术研究是党的二十大精神融入思政课的基本前提。思政课教师要以学术研究的成果丰富教学的知识体系，以科研成果提升教学内容的学理性，以学术思维强化教学思维，实现教学工作和科研工作的高度统一，真正实现思政课是讲道理的本质要求。

第六，转变话语表达方式，增添融入的生动性。传统的思政课话语方式呈现出枯燥乏味、抽象晦涩的特征，与现实生活贴合不紧密。因此，党的二十大精神融入思政课，要将报告式、专业化的语言转化为学生容易理解的课堂语言，使得文件语言转化为接地气的生活话语、理论话语转化为有感染力的叙述话语、教材语言转化为有温情的交流话语，将抽象世界中理论的宏大叙事与生活世界中具体的实践活动相结合，将浓厚的政治意蕴同时代的生活气息相衔接，逐渐克服教材式文本话语的单向度逻辑。把党的二十大精神融入思政课，不仅要讲好基本理论，而且要善于用动人的故事、场景和大课堂演绎理论话语，把思政课讲得有活力，努力实现话语的通俗化。把党的二十大精神融入思政课要用生动的故事阐释理论，发挥思政课堂作为主渠道的作用，结合有充分说服力的鲜活案例呈现党的二十大精神，实现晓之以理、动之以情、情理相通，以此来增强思政课程的亲和力、趣味性，在平实的话语中蕴含着大智慧，同时也可拉近与学生之间的距离。例如，在讲述新时代十年的伟大变革时，可以从党领导人民完成的"三件大事"讲起，也可以从重点工程、国之重器、创新突破的中国标识

---

① 秦书生，张海波. 习近平总书记系列重要讲话精神融入"原理课"教学探析［J］. 黑龙江教育（高教研究与评估），2018（11）：29.

着手，运用改革先锋获得者和"七一勋章"获得者这些典型先进人物的事例诠释理想信念的深刻意蕴，并将习近平总书记对青少年的寄语和教诲贯穿其中，引导大学生"立志做有理想、敢担当、能吃苦、肯奋斗的新时代好青年"①。把党的二十大精神融入思政课，将报告式、专业化的语言转化为学生容易理解的课堂语言，还要恰如其分地利用好校园资源，用学生听得懂、听得进的语言将党的二十大精神潜移默化地嵌入学生头脑，充分发挥思政课教育人、鼓舞人的功能。

综上所述，党的二十大报告是一份带领全国各族人民向着第二个百年奋斗目标迈进的马克思主义理论宣言书。把党的二十大精神融入思政课教学，有助于让学生更充分地认识马克思主义是科学的真理，牢固坚持"四个自信"，激发学生投身中国特色社会主义事业的伟大实践中。把党的二十大精神融入高校思政课教学，从党的二十大精神内蕴中找寻砥砺青年学生奋进的前行力量，坚持以党的最新理论成果引领青年学生，能够把学生的思想和意志统一汇聚起来，把个人理想、个人追求与祖国的前途和民族的命运联系在一起，有助于进一步加强大学生思想政治教育，强化高校思政课的政治功能。因此，讲透讲实讲活党的二十大精神，就是要让青年学生深刻体悟党的奋斗目标和初心使命，坚定不移跟党走，将青年学生的个人理想融入到党和国家事业的宏伟建设中，做新时代新征程路上的筑梦人和建设者。

第三节　党史学习教育融入高校思政课教学

2021年是中国共产党成立100周年，党中央把开展党史学习教育提上了日程，在全国范围内开展党史学习教育。中共中央办公厅印发《关于在全社会开展党史、新中国史、改革开放史、社会主义发展史宣传教育的通知》，号召在全社会广泛开展"四史"宣传教育。党史作为"四史"学习教育的生动教材，以其鲜活、多样的历史故事，还历史尤其是党史和新中国史以真实面目，展现了中国共产党带领中国人民革命、建设和改革的奋斗历程。对学校而言，思政课是党史学习教育的主渠道、主阵地。党史学

---

① 习近平. 高举中国特色社会主义伟大旗帜　为全面建设社会主义现代化国家而团结奋斗：在中国共产党第二十次全国代表大会上的报告［M］. 北京：人民出版社，2022：71.

习教育融入思政课是落实"立德树人"教育使命的必然要求。高校思想政治理论课是落实立德树人根本任务的主要课程,也是引导大学生树立正确价值观的主要渠道。作为党百年奋斗历程历史见证的党史学习教育,融入高校思想政治理论课是对党的十九届六中全会精神的积极贯彻,是坚定青年马克思主义信仰与伟大政治理想的重要举措。党史学习教育本身的政治性和先进性,决定了其与高校(思想政治理论课)有机结合的历史必然性。中国共产党领导的社会主义国家基本属性决定了我国教育的根本任务就是培养社会主义建设者和接班人。百年党史中的历史事件、英雄人物、革命精神、革命文物共同见证了中国共产党百年的辉煌历史和重大成就。党史学习教育是立德树人的鲜亮底色。将党史学习教育融入高校思想政治理论课教学,能够厚植当代大学生的马克思主义信仰,推动党史学习教育的弘扬与发展,坚定大学生立志为中国特色社会主义奋斗终生的思想抱负,在中华民族伟大复兴战略全局和世界百年未有之大变局的新阶段,心怀"国之大者",成为中华民族伟大复兴的先锋力量。党史学习教育融入高校思想政治理论课教学具有重要意义[①]。高校思政课教师把党史学习教育融入思政课教学应从以下几个方面入手。

一、深入研究党史学习教育与高校思政课的内容体系的共通点、契合点

党史学习教育中包含的真理性理论、丰富实践精神、爱国主义精神,具有强化思政课教学育人功能。党史学习教育融入高校思政课,要求思政课教师在思政课堂上讲好中国故事,弘扬红色文化,教育学生树立科学的历史观,自觉抵制历史虚无主义的侵蚀,树立共产主义远大理想,努力践行社会主义核心价值观。思政课教师作为党史学习教育融入思政课教学的骨干力量,要切实加强党史学习,深入挖掘红色经典的理论内涵,加强理论阐释,提升党史理论修养。思政课教师要深入研究党史学习教育与思政课的内容体系,寻找二者的共通点、契合点,使党史学习教育成为思政课内容体系的有机组成部分。

---

① 李月男,李福岩. 红色文化融入思想政治理论课教学探析[J]. 中学政治教学参考,2022(35):34.

习近平总书记指出："历史是最好的教科书。对我们共产党人来说，中国革命历史是最好的营养剂。"① 党的历史是中国共产党人的根脉，是中国共产党人的精神家园。党的百年历史蕴含丰富的育人资源，具有强大的教育功能，是思政课教学的重要内容。思政课作为党史学习教育的主阵地，要求思政课教师把党史学习教育与思政课的内容体系有机结合起来，将党史学习教育融入思政课教学过程，以马克思主义中的学理性元素深化党史学习教育，以生动的党史知识论证马克思主义的科学性，增强思政课教学的实效性。

马克思主义真理是思政课的核心内容。如何以生动形象的历史素材为媒介将党史学习教育融入思政课，还原生动的历史素材，增强学生对马克思主义的理解力，提升理论知识的说服力和思政课教学的感染力，这就要求思政课教师发挥主导性作用，主动加强党史学习，要将党史知识铭记于心，以大历史观的角度从整体上深入分析、解读党史中蕴含的思政课教学内容，并且可以熟练运用思政课中的方法论来剖析党史事实。思政课中的党史学习教育不是简简单单进行历史堆砌，也不仅仅只讲理论，要以时间为轴、以重大事件为突出点、以历史为线索，将一些在党史中典型的故事融入思政课当中，将生动的故事赋予理论当中，以活灵活现的方式展现出来，从历史脉络中提炼出一般性的历史规律，总结出党史赋予思政课的最基础的理论知识。一部中国共产党的历史，就是一部为中国人民谋幸福、求解放、求进步的历史。党的百年奋斗从根本上改变了中国人民的前途命运。中国共产党百年奋斗的历史在不同的历史时期发生的具体历史事件，既具有内在联系也有所区别，但是其中每一具体历史事件都蕴含着中国共产党的奋斗精神。党史学习教育融入思政课教学，思政课教师要将党史学习教育与思政课的内容体系有机结合起来，在教学过程中通过专题教学，突出党史学习教育的主题，把新时代党的理论、方针、政策等与党史学习教育贯通，使学生深刻理解马克思主义基本原理同中国具体实际相结合的各项成果，让学生坚定马克思主义信仰，树立共产主义远大理想，从而增强党史学习教育的有效性和思政课教学的实效性。

党史学习教育与思政课的结合，既要讲究教学方法，又要讲究教学过程的逻辑顺序，做到既不失党史之活力，又不乏思政课之科学，让学生深

---

① 习近平. 论中国共产党历史 [M]. 北京：中央文献出版社，2021：24.

刻感悟到党史历程之艰辛，培养学生的历史担当和历史思维，运用马克思主义真理的力量为实现第二个百年奋斗目标砥砺前行。

例如，人民立场是马克思主义的基本立场，马克思主义唯物史观是群众史观，人民群众是历史的创造者。在这一内容的教学中，思政课教师可以通过近代以来仁人志士为救亡图存而发动的戊戌变法、辛亥革命、洋务运动、太平天国运动等失败的原因之一在于其封建性，没有发动农民群众，反观自中国共产党成立之后就积极发动工农群众参与革命斗争，不断取得胜利，其根本原因是依靠广大人民群众，毛泽东思想的活的灵魂之一就是坚持群众路线。中国共产党爱护百姓，呵护百姓，同百姓一起风雨同舟、血脉相通、生死与共，是中国革命取得胜利的重要保证，中国共产党之所以能够发展壮大，就是因为依靠了人民，进而教育学生牢固树立"人民群众是历史创造者""人民群众是真正的英雄"的唯物史观。

二、运用叙事教学法把党史学习教育中的红色故事融入教学过程

党的历史是中国共产党自1921年成立以来为中国人民谋幸福、为中华民族谋复兴的历史，是党带领人民实现从站起来、富起来到强起来的历史，是由一桩桩一件件前仆后继、顽强奋斗的革命、建设、改革中的红色故事构成的波澜壮阔的历史。把党史学习教育融入思政课教学，要把教学内容与党史学习教育有机结合起来，而叙事教学法就是二者联系的桥梁和纽带。因此，在思政课教学过程中需要教师学会使用叙事教学法。叙事教学法是指教育者把真实的、生动的、富有启发性的故事融入教学过程中，通过口头叙述、运用网络多媒体呈现故事等形式，让受教育者在聆听故事的过程中学习理论知识和接受正确思想观念引导，从而达到树立正确的世界观、人生观、价值观，坚定理想信念的教学目标。这种教学方法能够吸引学生兴趣，提高学生课堂参与度，使抽象的教学内容情境化、生活化，更具有说服力。运用叙事教学法将党史中的红色故事融入到思政课教学过程中，即指思政课教师在授课过程中选择服务于教学目标、与教学内容密切相关的党史故事，运用多样的叙事方式在叙述故事的同时阐释理论知识，把抽象的知识具体化、情境化，加深学生的直观印象，帮助学生将难

以理解的概念性、原理性的知识真正入脑入心，在内化于心的基础上外化于行。例如，运用叙事教学法把红色故事作为案例用于课前导入，或把红色故事作为教学内容的案例佐证等。鲜活的红色故事，避免了思政课教学中概念的抽象性，能有效引导学生对思政课教学内容进行思考和理解。

思政课教师采用多样的叙事方式，要把控好叙事过程。党史故事融入思政课的前提是教师要立足于教学目标和教学内容，选择准确的、真实的、合理的党史故事。在选好党史故事后，教师就要将所选择的故事呈现在课堂中，在呈现故事时要采用多样的叙事方式。思政课教师可以结合网络多媒体用口头叙述的方式来讲述故事进而阐释理论知识，但在口头叙述时要注意非说教性，教学语言要科学准确、富有逻辑，言简意赅、深入浅出，具有启发性，尽量将所选的党史故事生动形象、重点突出地表达出来，在充分激发学生课堂参与的基础上概括总结出故事中所蕴含的理论知识，强化学生对知识的理解与记忆。此外，思政课教师还可以以党史故事为原型写一个剧本，通过设置具体情境组织学生讨论或通过情景剧表演等形式叙述故事，让学生作为故事的亲历者推进故事的发展，在这个过程中教师要引导学生通过参与故事领悟故事背后隐藏的知识性因素。

思政课教师应立足教学目标和教学内容，寓红色故事于教学过程中。立德树人是思政课的根本任务，思政课教学强调教师对学生思想意识、理想信念的正确引导，要求教师要培养德智体美劳全面发展、能够肩负民族复兴重任的时代新人。思政课作为传播主流意识形态的重要课程，也必须为实现立德树人的目标服务。思政课教师在讲授基础理论知识的基础上，要重视对学生思想观念方面的建设，让学生在学习理论知识中感悟马克思主义的魅力，坚定对马克思主义的信仰。把党史故事融入到思政课教学过程中是实现这一目标的有效途径之一。

例如，近代中国处在半殖民地半封建社会，无数仁人志士为了争取民族独立、人民解放展开了一系列反抗斗争，然而，这些在当时的时代条件下有或大或小历史进步意义的反抗斗争最终都走向了失败，直到中国共产党成立后，中国革命才迈上了走向成功的道路。在俄国十月革命的影响下，马克思主义在中国传播，之后，党带领人民走上了探索这条道路的艰辛历程，可以说"我们党的历史，就是一部不断推进马克思主义中国化的历史"①。可见,党史故事是能够助力思政课教学目标实现的,思政课教师应学会让党史故事进课堂。思政课的思想性、理论性较强,知识点较多,涉及的很多概念具有抽象性,这往往使学生在接触到相关知识时感到晦涩难懂,因此,提高课程的亲和力、针对性更为迫切。党史故事进课堂为思政课教师解决这一问题指明了方向。寓党史故事于教学过程可以调动学生的积极性,激发学生的主体意识,提高课堂教学的实效性,但教师要注意选取准确的、真实的、合理的、能够服务于教学内容的党史故事,并尽量选取理论性较强的知识点或者是教学重难点以党史故事为线索来阐释。教师应在叙事中讲清理论知识的基础上实现对学生思想意识、理想信念层面的教育,达到"以理明史"。最终,思政课教师寓党史故事于教学过程要实现党史与思政课协作育人的目标。

需要明确的一点是:思政课教师让党史故事进课堂,但要把控好叙事过程,思政课的重点在于理论知识的讲授,党史故事的运用是协助思政课教师讲好理论知识的重要手段之一,不要将思政课讲成党史课,要发挥好党史故事在思政课教学过程中的"点睛"作用。

三、理论教学与实践教学同频共振协同推进党史学习教育融入高校思政课教学

党史学习教育融入高校思政课教学要坚持理论教学与实践教学同频共振。首先,党史学习教育融入高校思政课教学要强化理论教学。思政课教师要通过个人钻研、集体备课等形式,认真学习教材内容,充实教学课件,把准党史学习教育的切入点,更新教学方法,结合理论知识的讲授,适时把党史学习教育融入课堂教学中,对学生进行党的重要思想、光荣传统和优良作风教育,带领学生运用马克思主义立场观点方法分析中国共产党成长壮大的过程,深刻领悟马克思主义的科学性、真理性。除此之外,还要加强党史学习教育融入思政课的实践教学。实践教学是理论教学的有效延伸和扩展,通过实践教学深化理论教学的内容,这是理论联系实际的重要一环。理论学习固然重要,但同时也要注重实践学习,尤其是对于思政课这样一门特殊的课程来说,更要注重学生在实践中掌握知识的情况,

---

① 习近平. 在党史学习教育动员大会上的讲话 [N]. 人民日报, 2021-04-01 (1).

以提升党史学习教育的实效性。在实践教学中,可以布置学生课外作业,充分利用互联网广泛收集党史资料。这些资料包括党史人物先进事迹的文字材料、重大历史事件的图片和影像资料、讴歌党的经典歌曲、关于党史题材的经典电影电视剧,等等,使学生了解到中国共产党成立以来中国革命、社会主义建设和改革取得的辉煌成就,亲身感受到中国共产党始终坚持和发展马克思主义对我国繁荣发展所起的巨大的推动作用。也可以组织学生到红色根据地、革命纪念馆、革命老区等红色基地参观学习,将红色资源与思政课专题教学相结合,让学生更为直接地感受到中国共产党人、老一辈革命家无私奉献、艰苦奋斗、无畏牺牲的伟大精神,通过百年党史中的鲜活史实进行现场授课,实现情境式教学,学生可以更加深入地理解思政课教学内容。还可以开展红色纪念日、重大节假日主题研讨等,让学生更加熟知这些重要的时间点,感悟中国共产党人砥砺前行的百年历史以及在百年历史中所取得的辉煌成就等。思政课教学还要开展主题鲜明的纪念活动,加强学生对国家的认同,强化其对党的情感,激励学生把爱国情、报国志自觉融入到学习和生活中。同时,可以组织学生到烈士陵园,聆听革命先烈的英勇事迹,激发学生的爱国热情。通过实物、实景体验的方式,让党史学习教育更鲜明、更有效、更快速地融入到思政课教学中,使晦涩难懂、极具抽象性的思政课具有亲和力、可触性,让学生真正有所思考,促使学生可以把自己的所见所闻从感性认识上升到理性认识,最后回归至实践。

四、线上线下相结合促进党史学习教育与高校思政课教学内容深度融合

传统教学中存在一系列困境,如课堂氛围过于枯燥、学生积极性低等,这要求思政课教师充分发挥新媒体的作用,创新线上教学的方式方法,调动学生积极性。我国进入互联网时代以来,新媒体在各领域得到广泛应用并取得重大成就,这对于思政课教师而言是机遇也是挑战。思政课教师必须与时俱进,将新媒体技术广泛应用到思政课教学中,充分发挥信息技术手段的优势,深度融合线上教学与线下教学,充分发挥学生在课堂学习中的主体作用,提升思政课教学的实效性。

第一,思政课教师要充分应用多媒体教学手段增强党史学习教育的吸

引力和感染力，使党史知识的讲授直观形象、容量丰富、传播便捷、交互即时，增强党史学习教育的生动性与可接受性，进而提高课堂教学效率，使得党史学习教育融入思政课教学更具有时代性。

第二，思政课教师在线下教学时要注重课程内容的设计和教学方法的应用。在课程内容的设计上，应将党史学习教育的内容有机融入其中。思政课教师在线下教学时应将党史学习教育与课程内容有机融合，在学习党史中深刻理解马克思主义的科学性，在马克思主义指导下参悟百年党史的艰辛历程。在教学方法的运用上，为了进一步提升教学效果，使思政课更具生动性，思政课教师应将党史学习教育的相关内容与教学方法相结合。例如在采取直观演示法时可以充分运用党史的相关案例用于线下教学；在采用讨论法中也可以运用党史与思政课相结合的题目作为讨论内容，通过理论和实际结合讲授的方式帮助学生构建起全面的知识体系。

总之，当今世界正经历百年未有之大变局，随着全球化进程的不断深入，国际上各种思潮接踵而至，其中不免有西方宪政民主、普世价值、新自由主义、公民社会、西方新闻观、历史虚无主义等错误的政治思潮。历史虚无主义在当前更是颇有"市场"。因此，思政课中的党史学习教育面临着复杂的意识形态斗争，将百年党史融入思政课就显得尤为重要。历史虚无主义的本质是想通过解构当时的历史事件和历史人物，臆断零星史料，编造野史杂闻来歪曲和虚无历史事实，企图抹黑和否定中国共产党的正确领导，动摇中国的立国之本、执政之基。党史学习教育融入思政课教学是更好发挥思政课立德树人关键作用的内在要求，更是引导学生反对历史虚无主义的时代要求。把党史学习教育融入思政课可以有力地反击历史虚无主义，促进学生树立正确的历史观，为培养社会主义建设者和接班人奠定良好的思想基础。

在庆祝中国共产党成立100周年大会上，习近平总书记指出，"新时代的中国青年要以实现中华民族伟大复兴为己任"①。把党史学习教育融入高校思政课，能够使学生更加深刻地了解党带领全国各族人民百年奋斗的伟大历史进程，在学习思政课的过程中充分吸收红色精神和红色理论的养分，自觉用党史学习教育武装头脑，把红色精神作为行动指南。把党史学习教育融入高校思政课，有助于青年坚定共产主义理想信念，传承中国共

---

① 习近平. 在庆祝中国共产党成立100周年大会上的讲话［N］. 人民日报. 2021-7-20（2）.

产党的红色血脉,厚植爱党爱国爱社会主义的情感,努力肩负起时代赋予的重任,用担当托举民族的未来。作为以马克思主义为指导思想的党史学习教育,本质属性是其科学性和革命性。将党史学习教育融入高校思政课,能够深化学生对中国共产党的全面认识,强化学生对近代以来中国共产党带领中国人民进行革命、建设和改革奋斗历程的客观认识,坚定其马克思主义信仰,自觉抵制各种错误思想的侵袭。党史学习教育与高校思政课的融合,有利于以马克思主义为指导的党史学习教育的传承,有利于学生树立大历史观,站在当时的历史时代来了解和评价党和人民艰苦奋斗的百年征程[①]。

第四节 讲好中国故事增强高校思想政治理论课实效性

习近平总书记在党的二十大报告中指出:"加快构建中国话语和中国叙事体系,讲好中国故事、传播好中国声音,展现可信、可爱、可敬的中国形象。"[②] 党的十八大以来,习近平总书记在多个场合对为什么要讲好中国故事、讲好哪些中国故事、怎样讲好中国故事等问题发表了一系列重要论述。习近平总书记指出:"奏响交响乐、大合唱,把中国故事讲得愈来愈精彩,让中国声音愈来愈洪亮。"[③] 要增强思政课的思想性、理论性,用讲故事的方式讲道理,能把道理讲得更有魅力、更有效果。因此,要增强思政课的亲和力、针对性,用讲故事的方式能很好地传递情感、引发共鸣。思政课讲好中国故事,是树立文明大国、东方大国、负责任大国、社会主义大国形象的必然要求,是新时代高校思想政治理论课改革创新的必然选择。思政课讲好中国故事,展现可信、可爱、可敬的中国形象,要突出中国故事的精彩主题,科学把握其内容,讲究传播策略,提升亲和力、影响力和引导力。

---

① 李月男,李福岩. 红色文化融入思想政治理论课教学探析[J]. 中学政治教学参考,2022(35):35.
② 习近平. 高举中国特色社会主义伟大旗帜 为全面建设社会主义现代化国家而团结奋斗:在中国共产党第二十次全国代表大会上的讲话[M]. 北京:人民出版社,2022:46.
③ 中共中央文献研究室. 习近平关于社会主义文化建设论述摘编[M]. 北京:中央文献出版社,2017:211.

一、高校思政课讲好中国故事要突出最精彩的主题

习近平总书记在党的二十大报告中指出："中国共产党为什么能，中国特色社会主义为什么好，归根到底是马克思主义行，是中国化时代化的马克思主义行。"①

中国故事是一个内容丰富的故事体系，其中回答上述问题是其最精彩的主题。思政课教师讲好中国故事，要紧扣主题，讲清楚中国共产党为什么"能"、中国特色社会主义为什么"好"、归根到底是马克思主义"行"及其内在逻辑关联，提升传播吸引力。

1. 讲好中国共产党为什么"能"的故事

中国共产党为什么"能"，在于百年来始终坚持人民立场、始终坚持自我革命、始终坚持守正创新。

中国共产党为什么"能"，是因为在百年奋斗中始终坚持人民立场，把人民群众放在首位。讲述中国共产党"能"的故事，就必须深刻阐述中国共产党深刻把握马克思主义群众史观的精髓，重视人民群众在社会历史进程中的决定性作用，始终坚持人民至上的故事。习近平总书记在党的二十大报告中指出，"江山就是人民，人民就是江山。中国共产党领导人民打江山、守江山，守的是人民的心。"② "民心是最大的政治，决定事业兴衰成败。只要我们党始终保持同人民群众的血肉联系，始终与人民同呼吸、共命运、心连心，就能拥有战胜一切艰难险阻的强大力量。"③ 在讲好中国故事中突出精彩主题，就要突出讲述中国共产党以人民为中心的发展思想。

中国共产党为什么"能"，是因为在百年奋斗中勇于开展刀刃向内的自我革命。讲好中国共产党为什么"能"的故事，要讲清中国共产党勇于正视问题和不断推进党的自我净化、自我完善、自我革新、自我提高的故事。"中国共产党百年的奋斗史，就是一部党在进行伟大自我革命的同时

---

① 习近平. 高举中国特色社会主义伟大旗帜 为全面建设社会主义现代化国家而团结奋斗：在中国共产党第二十次全国代表大会上的讲话 [M]. 北京：人民出版社，2022：16.
② 同①：46.
③ 本报编辑部. 在新时代东北振兴上展现更大担当和作为 奋力开创辽宁振兴发展新局面 [N]. 人民日报，2022-08-19（1）.

领导人民进行伟大社会革命的历史。"① 在党的二十大报告中，习近平强调："党的自我革命永远在路上，决不能有松劲歇脚、疲劳厌战的情绪，必须持之以恒推进全面从严治党，深入推进新时代党的建设新的伟大工程，以党的自我革命引领社会革命。"② 中国共产党之所以"能"，就是因为在党的百年历程中始终坚持自我革命，将自我革命与社会革命结合起来。在新时代背景下，党更加注重推进自我革命，提出牢记初心使命，推进自我革命的要求。在讲好中国故事中突出精彩主题，就要突出讲述中国共产党勇于自我革命的故事。

中国共产党为什么"能"，还因为百年来始终毫不动摇地坚持和发展马克思主义，坚持守正创新。习近平在党的二十大报告中指出："拥有马克思主义科学理论指导是我们党坚定信仰信念、把握历史主动的根本所在。"③ 中国共产党从诞生之日起，就把马克思主义作为指导思想，在百年奋斗历程中不忘初心、牢记使命，领导人民实现民族独立、人民解放和国家富强、人民幸福。习近平总书记指出："中国共产党之所以能够完成近代以来各种政治力量不可能完成的艰巨任务，就在于始终把马克思主义这一科学理论作为自己的行动指南，并坚持在实践中不断丰富和发展马克思主义。"④ 中国共产党在百年奋斗中以马克思主义为指导，不断推进马克思主义中国化时代化。因此，要从大历史观出发，讲好中国共产党对马克思主义的坚持和发展、守正与创新的故事。在纪念马克思诞辰200周年大会上，习近平总书记指出："历史和人民选择马克思主义是完全正确的，中国共产党把马克思主义写在自己的旗帜上是完全正确的，坚持马克思主义基本原理同中国具体实际相结合、不断推进马克思主义中国化时代化是完全正确的！"⑤ 在讲好中国故事中突出精彩主题，就要突出讲述中国共产党对马克思主义的守正创新。

坚守人民立场，江山就是人民，人民就是江山；勇于自我革命，具有

---

① 李俊. 中国共产党为什么"能"：深刻学习习近平关于党的独特优势重要论述 [J]. 党的文献，2020（1）：45.

② 习近平. 高举中国特色社会主义伟大旗帜 为全面建设社会主义现代化国家而团结奋斗：在中国共产党第二十次全国代表大会上的报告 [M]. 北京：人民出版社，2022：64.

③ 同②：16.

④ 中共中央党史和文献研究院. 十八大以来重要文献选编：下 [M]. 北京：中央文献出版社，2018：345-346.

⑤ 习近平. 在纪念马克思诞辰200周年大会上的讲话 [N]. 人民日报，2018-05-05（2）.

正视问题的自觉和刀刃向内的勇气；坚持守正创新，坚持和发展马克思主义，是理解中国共产党为什么"能"的三把金钥匙。思政课教师讲好中国故事，讲清楚中国共产党为什么"能"，就要紧紧抓住这三把金钥匙。

2. 讲好中国特色社会主义为什么"好"的故事

思政课讲好中国故事，就要讲清楚中国特色社会主义为什么"好"。"中国特色社会主义是改革开放以来党的全部理论和实践的主题，是党和人民历尽千辛万苦、付出巨大代价取得的根本成就。"① 中国特色社会主义的"好"在于其特有的道路优势、理论优势、制度优势、文化优势。中国特色社会主义道路为国家富强、民族复兴、人民幸福指明了必由之路，中国特色社会主义理论体系为中华民族伟大复兴提供了科学指南，中国特色社会主义制度为当代中国发展进步提供了根本保证，中国特色社会主义文化为中国人民奋勇前进提供了精神动力。讲清楚中国特色社会主义为什么"好"，就要从中国特色社会主义道路、理论、制度和文化出发，讲好中国故事。

在党的二十大报告中，习近平总书记强调要"坚持中国特色社会主义道路"。讲清楚中国特色社会主义道路的正确性，就要从大历史观出发讲好历史和人民是如何选择了中国特色社会主义道路的故事。党的十一届三中全会冲破"左"的错误的严重束缚，彻底否定"两个凡是"的错误方针，彻底否定了"文化大革命"。在历史的重要转折点，中国共产党作出了改革开放的重大历史决定，成功开创了中国特色社会主义，为中国发展指明前进方向。邓小平同志1992年的南方谈话对姓"资"还是姓"社"的疑问进行了有力回答，对计划和市场的关系进行了深刻剖析，为中国特色社会主义的发展提供了新思路。中国特色社会主义理论经历了改革开放和新时代中国大地上一次次的实践的检验，被实践证明是适合中国发展的科学的理论。改革开放以来，中国特色社会主义理论体系不断丰富完善，其指导中国实践的契合度不断攀升。改革开放以来的实践证明了中国共产党治国理政的战略、规划、思路的正确性。中国特色社会主义道路是历史和人民的选择。

习近平总书记指出："我国成功走出了一条中国特色社会主义道路，

---

① 习近平. 习近平谈治国理政：第三卷 [M]. 北京：外文出版社，2020：13.

实践证明我们的道路、理论体系、制度是成功的。"① 中国特色社会主义道路的成功向世界展示了今天风华正茂和意气风发的中国，充分彰显了中国特色社会主义的"好"。

中国特色社会主义制度是中国共产党深刻总结新中国成立以来国家治理和制度建设的经验教训，特别是对"文化大革命"期间国家制度遭到严重破坏的惨痛教训，对改革开放新的历史时期进行的制度探索成果。党的十一届三中全会标志着中国特色社会主义制度进入探索期。随着改革开放的深入，中国特色社会主义制度不断成熟完善。党的十九届四中全会对我国制度层面的理论创新和实践创新进行系统梳理和深刻总结，推动中国特色社会主义制度建设迈上新台阶。"从制度的理论形态到实践形态，从制度的历史逻辑到实践治理，中国特色社会主义制度的发展逻辑和治理逻辑越来越趋于自觉、科学和完善，建立在这种制度现实之上的制度感知、制度自信、制度意识形态也日趋健全。"② 因此，要从制度出发深刻阐述中国特色社会主义为什么"好"。

"中国特色社会主义文化，源自于中华民族五千多年文明历史所孕育的中华优秀传统文化，熔铸于党领导人民在革命、建设、改革中创造的革命文化和社会主义先进文化，植根于中国特色社会主义伟大实践。"③ 当今社会文化多元化趋势日益增强，文化发展不是一枝独秀，而是百花齐放。繁荣发展中国特色社会主义文化，是讲好中国故事，提升国家文化软实力的题中应有之义。讲好中国故事是向世界传播中国声音，不是文化入侵。但是纷繁复杂的外来文化进入中国，甚至一些境外敌对势力恶意进行文化入侵和洗脑，对中国的文化发展造成严重危害。中国所倡导的文化交流是求同存异，因此，讲好中国故事必须增强阵地意识，不能忽视中国特色社会主义文化阵地的建设和稳固。

思政课讲好中国故事，突出中国特色社会主义为什么"好"的精彩主题，就要从中国特色社会主义的道路自信、理论自信、制度自信和文化自信出发，讲清楚道路优势、理论优势、制度优势、文化优势。"改革开放

---

① 中共中央文献研究室. 习近平关于社会主义文化建设论述摘编 [M]. 北京：中央文献出版社，2017：199.
② 《图解十九届四中全会精神》编写组. 图解十九届四中全会精神 [M]. 北京：人民出版社，2019：9.
③ 中共中央党史和文献研究院. 十九大以来重要文献选编：上 [M]. 北京：中央文献出版社，2019：29.

以来我们取得一切成绩和进步的根本原因，归结起来就是：开辟了中国特色社会主义道路，形成了中国特色社会主义理论体系，确立了中国特色社会主义制度，发展了中国特色社会主义文化。"① 因此，突出讲述中国特色社会主义道路、理论、制度和文化，是讲好中国故事的重要环节。

3. 讲好马克思主义为什么"行"、归根到底是马克思主义"行"的故事

突出中国故事的精彩主题，就要讲清楚马克思主义为什么"行"，为什么说归根到底是马克思主义"行"这一重要问题。马克思主义是科学的世界观和方法论。中国共产党在马克思主义的指导下取得了新民主主义革命胜利、社会主义革命建设和改革胜利，推动中华民族取得从站起来、富起来到强起来的伟大飞跃。这充分证明了马克思主义的科学性和真理性。中国共产党坚持马克思主义基本立场，坚持群众路线，与人民群众保持血肉联系，为坚持和发展中国特色社会主义奠定最坚实的群众基础。马克思主义不仅是世界观，也是方法论，在指导中国近现代社会实践中发挥了决定性作用，改变了中国人民和中华民族的前途命运。同时，马克思主义不是教条，而是开放的、与时俱进的，正是马克思主义的开放性，才成就了马克思主义的中国化时代化，在中国大地上书写了21世纪马克思主义的新篇章。在党的二十大报告中，习近平总书记强调："我们坚持以马克思主义为指导，是要运用其科学的世界观和方法论解决中国的问题，而不是要背诵和重复其具体结论和词句，更不能把马克思主义当成一成不变的教条。"② 马克思主义的科学性、真理性、人民性、实践性、开放性、时代性的理论品质，归根到底是马克思主义"行"的重要原因。新时代讲清楚马克思主义为什么"行"，归根到底是马克思主义"行"的故事就要深刻把握马克思主义鲜明的理论品质。

思政课讲清马克思主义为什么"行"、归根到底是马克思主义"行"的故事，还必须结合近现代中国社会发展历史进程来认识和理解。近代以来，中华民族陷入灾难和痛苦中，无数仁人志士为国家和民族的命运而上下求索，探求挽救民族危亡的方法。封建地主阶级、农民阶级、资产阶级的救亡图存运动相继失败。马克思主义传入中国后，在中国共产党的坚强

---

① 中国共产党章程 [M]. 北京：人民出版社，2022：6.
② 习近平. 高举中国特色社会主义伟大旗帜 为全面建设社会主义现代化国家而团结奋斗：在中国共产党第二十次全国代表大会上的报告 [M]. 北京：人民出版社，2022：17.

领导下，中国取得了革命、建设、改革的伟大历史成就。从中国近现代的社会历史发展来讲，多种思想理念都没能实现救亡图存的目标，只有马克思主义才引领中国走出国家蒙辱、人民蒙难、文明蒙尘的窘境。马克思主义指引中国取得新民主主义革命胜利，建立新中国，指引中国进行改革开放、成功开创中国特色社会主义，进入中国特色社会主义新时代。近现代中国社会发展的180余年历史证明，只有马克思主义才能救中国，才能发展中国。马克思主义为什么"行"、归根到底是马克思主义"行"是经过实践证明的，是与中国实践相结合的中国社会发展的思想指南。讲清楚马克思主义为什么"行"，归根到底是马克思主义"行"就要从历史维度出发，讲述马克思主义在近现代中国社会发展中的重要历史地位。

思政课讲清马克思主义为什么"行"、归根到底是马克思主义"行"的故事，更要讲清中国共产党与马克思主义之间的逻辑关联。马克思主义"行"的一个重要的原因是中国共产党作为马克思主义忠实的信仰者和践行者的作用。马克思主义"行"的前提条件是中国共产党人始终坚定马克思主义的信仰，正是因为有忠实的信仰者和践行者，所以才能得出归根到底是马克思主义"行"。习近平总书记指出："我们党的历史，就是一部不断推进马克思主义中国化的历史，就是一部不断推进理论创新、进行理论创造的历史。"① 在中国共产党奋斗前行的百余年里，中国共产党始终将马克思主义作为自己坚定的指导思想，把共产主义作为自己奋斗的远大理想。中国共产党百年奋斗取得的辉煌成就充分说明了归根到底是马克思主义"行"。

讲清马克思主义为什么"行"、归根到底是马克思主义"行"，是中国化时代化的马克思主义"行"的现实力量，是中国特色社会主义的蓬勃发展。中国特色社会主义实践成就举世瞩目，证明了中国特色社会主义"好"。归根到底是马克思主义"行"，是中国化时代化的马克思主义"行"的现实力量体现在中国特色社会主义的实践之中。马克思主义"行"是中国共产党"能"和中国特色社会主义"好"的理论依据。中国共产党之所以"能"，归根到底是因为马克思主义为我们党提供了思想指导和精神支柱。中国特色社会主义之所以"好"，归根到底是因为中国特色社会主义实践始终遵循了科学社会主义基本原则。中国共产党百年奋斗取得举

---

① 习近平. 在党史学习教育动员大会上的讲话［J］. 党建，2021（4）：7.

世瞩目的成就以及中国特色社会主义蓬勃发展的事实有力证明了归根到底是马克思主义"行",是中国化时代化的马克思主义"行"。

二、高校思政课讲好中国故事要注重科学把握主要内容

中国故事,是国家的故事,是民族的故事,是人民的故事,体现的是中国特色、中国风格、中国气派。中华民族从站起来、富起来到强起来的伟大实践,是贯穿中国故事的整体逻辑,体现在对国家富强、民族复兴、人民幸福的追求史和奋斗史中。因此,思政课教师讲好中国故事,其主要内容是要讲好国家富强、民族复兴、人民幸福的故事。

第一,讲好中国故事,要讲好中国近代以来为追求国家富强而艰苦奋斗的故事。近代以来,帝国主义、封建主义、官僚资本主义是压迫中国人民的三座大山。封建地主阶级、农民阶级、资产阶级的救亡图存运动相继失败。直至五四运动,中国工人阶级登上历史舞台,引领中国革命进程。中国共产党的诞生是中国开天辟地的大事件,在党的艰苦奋斗中迎来新中国的成立。在改革开放新时期,中国迎来了从站起来到富起来的巨变。进入新时代,中国距离国家富强的目标愈来愈近。中国不再是一百多年前积贫积弱的中国,今天的中国行稳致远,蒸蒸日上。

第二,讲好中国故事要讲好民族复兴的故事。习近平总书记指出,"实现中华民族伟大复兴是中华民族近代以来最伟大的梦想。"① "中华民族具有五千多年连绵不断的文明历史,创造了博大精深的中华文化,为人类文明进步作出了不可磨灭的贡献。"② 习近平总书记指出:"我们对新时代党和国家事业发展作出科学完整的战略部署,提出实现中华民族伟大复兴的中国梦,以中国式现代化推进中华民族伟大复兴。"③ 习近平总书记多次强调"不忘初心、牢记使命",中国共产党的初心和使命就是为中国人民谋幸福,为中华民族谋复兴。党的十八大以来,中国共产党引领中华民族走向社会主义现代化强国发展之路。讲好中国故事,就要讲好中华民族伟大复兴的故事。

---

① 中共中央文献研究室. 习近平关于实现中华民族伟大复兴的中国梦论述摘编 [M]. 北京:中央文献出版社, 2013:57.

② 同①:35.

③ 习近平. 高举中国特色社会主义伟大旗帜 为全面建设社会主义现代化国家而团结奋斗:在中国共产党第二十次全国代表大会上的报告 [M]. 北京:人民出版社, 2022:7.

第三,讲好中国故事要讲好人民群众追求幸福的故事。中国故事,必然是人民群众的故事,是人民群众追求幸福的故事。改革开放以来,人民的生活水平不断提高,物质生活与精神生活不断丰富。党的十八大以来,以习近平同志为核心的党中央带领人民创造更加幸福美好生活,增进民生福祉,坚持以人民为中心的发展思想,坚持人民至上,坚决打赢脱贫攻坚战。讲好中国故事,就要讲好人民群众追求美好生活的故事。

三、高校思政课讲好中国故事要紧紧抓住三条主线

高校思政课讲好中国故事要讲好中国共产党治国理政的故事、马克思主义中国化时代化的故事、中国特色社会主义蓬勃发展的故事。新时代背景下,这三个故事贯穿于国家富强、民族复兴、人民幸福的故事中,是讲好中国故事的三条主线。

1. 讲好中国共产党治国理政的故事

讲好中国共产党治国理政的故事,就可以讲清楚中国共产党为什么"能"的重要问题。"中国共产党治国理政的故事是指以中国共产党为领导核心,在坚持和发展中国特色社会主义的历史进程中国家治理与社会发展的理论与实践。"[①] 党的十八大以来,以习近平同志为核心的党中央治国理政取得了历史性的成就,成为中国故事的最大吸引力与号召力。因此,讲好中国故事,首先就是要讲好中国共产党治国理政的故事。

中国共产党是中国革命、建设和改革的领导核心,在新时代背景下统揽伟大斗争、伟大工程、伟大事业、伟大梦想,推动中华民族迎来从站起来、富起来到强起来的伟大飞跃。中国共产党治国理政的故事,就是团结带领全国各族人民追求国家富强、民族复兴、人民幸福的故事。中国新民主主义革命的胜利实现了中国人民的独立自主,改革开放的重大历史转折造就了中国富起来的巨变,新时代历史方位下中国共产党的砥砺前行中坚持和发展中国特色社会主义向世界展示了中国强起来的伟大奇迹。讲好中国共产党治国理政故事,就必须讲好为什么要一以贯之地坚持和发展中国特色社会主义。讲好这一故事,才能有助于受众感同身受中国共产党的先进性、坚韧性。因此,讲好中国共产党治国理政的故事,是讲好中国故事

---

① 林楠. 思政课视域下讲好中国故事的三个维度[J]. 中国青年社会科学,2020(6):48.

的一条主线。

2. 讲好马克思主义中国化时代化的故事

马克思主义中国化时代化的故事是理解国家富强、民族复兴、人民幸福的故事的钥匙。讲好马克思主义中国化时代化的故事，就可以讲清楚马克思主义为什么"行"、归根到底是马克思主义"行"的重要问题。马克思主义中国化时代化的故事突出了中国故事最精彩的主题，是讲好中国故事的又一条主线。

习近平总书记在党的二十大报告中指出："推进马克思主义中国化时代化是一个追求真理、揭示真理、笃行真理的过程。"① 新民主主义革命时期、社会主义革命和建设时期、改革开放与社会主义现代化建设新时期和中国特色社会主义进入新时代，马克思主义中国化时代化分别形成了毛泽东思想、邓小平理论、"三个代表"重要思想、科学发展观和习近平新时代中国特色社会主义思想。习近平新时代中国特色社会主义思想是马克思主义中国化时代化最新理论成果。习近平总书记强调："不断谱写马克思主义中国化时代化新篇章，是当代中国共产党人的庄严历史责任。"② "我们创立了新时代中国特色社会主义思想，明确坚持和发展中国特色社会主义的基本方略，提出一系列治国理政新理念新思想新战略，实现了马克思主义中国化时代化新的飞跃。"③ 马克思主义中国化时代化的故事就是中国共产党在百年奋斗中始终坚持和发展马克思主义，追求国家富强、民族复兴、人民幸福的故事，是讲好中国故事的中心线索。

3. 讲好中国特色社会主义蓬勃发展的故事

习近平总书记指出："我们党带领人民成功开创和拓展了中国特色社会主义道路，创造了一个个举世瞩目的中国奇迹。"④ 中国特色社会主义蓬勃发展的故事是指在中国共产党领导下我国开辟中国特色社会主义道路、形成中国特色社会主义理论体系、确立中国特色社会主义制度、发展中国特色社会主义文化的理论与实践探索。中国特色社会主义蓬勃发展的故

---

① 习近平. 高举中国特色社会主义伟大旗帜 为全面建设社会主义现代化国家而团结奋斗：在中国共产党第二十次全国代表大会上的报告［M］. 北京：人民出版社，2022：16.
② 同①：18.
③ 同①：6.
④ 中共中央文献研究室. 习近平关于社会主义文化建设论述摘编［M］. 北京：中央文献出版社，2017：207.

事,是开辟中国特色社会主义道路、形成中国特色社会主义理论体系、确立中国特色社会主义制度、发展中国特色社会主义文化的故事。改革开放40余年,中国共产党带领中国人民开创了中国特色社会主义的伟大事业。全面深化改革将持续推进中国特色社会主义的蓬勃发展。今天的中国早已经不是百余年之前任人欺凌的中国。中国共产党用自己的百年奋斗书写了中华民族站起来、富起来、强起来的历史故事。中国特色社会主义的蓬勃发展,一方面彰显了中国共产党治国理政的成就,另一方面也向世界展示了今天的中国蒸蒸日上。今天的中国经济发展和科技发展突飞猛进,中国比任何历史时期都强大。我们正站在新的历史起点,在开启新征程的奋斗中无比接近民族复兴的梦想。新时代条件下人民生活水平不断提高,对美好生活的向往不断得到满足。

中国特色社会主义蓬勃发展,是全党全国各族人民长期奋斗取得的,是"四个自信"的底气来源。讲好中国特色社会主义蓬勃发展的故事,就是从道路、理论、制度和文化出发,紧紧抓住讲好中国故事的主线。

总之,新时代落实思政课改革创新要求,不断增强思政课的思想性、理论性、亲和力、针对性是高校思政课教师面临的重要课题。讲好中国故事与新时代高校思想政治理论课在目标要求上具有高度的同向性,更有助于创新思政课教学的话语表达方式。思政课教师应顺势而为,努力提升讲故事的基本素养,坚持讲好中国故事基本原则,掌握讲好中国故事策略,更进一步提升思政课教学的亲和力和实效性。

第四章　新时代高校思想政治理论课教学模式改革创新

问题意识作为马克思主义的本质要求，要求我们在认知和实践的过程中发现、研究并解决问题。问题导向式教学，从本质上讲是一种教学方法，更是一种教学模式。高校思想政治理论课在构建教学模式时，需要坚持以学生为中心，以问题为导向，让学生学会运用马克思主义基本立场、观点和方法认识事物，从表层现象抽丝剥茧地看到事物本质的方面，从纷繁复杂的社会现象中敏锐察觉时代问题，让学生将在课堂上学到的马克思主义理论和方法论运用到实际生活，更好地解决现实问题。高校思想政治理论课以学生为中心、以问题为导向的教学模式，是讲好思想政治理论课的内在要求，是适应学生发展需要的时代要求。

第一节　PBL 教学模式及其在高校思想政治理论课中的运用

当今我国已踏上实现第二个百年奋斗目标的新征程，新征程更需要堪当复兴重任的时代新人。新时代新征程新要求，高校思想政治理论课作为培育青年学子正确世界观、人生观和价值观的关键阵地，更应顺应时代要求改革创新教学模式。将 PBL 教学模式引入高校思想政治理论课是理念之新、模式之新和方法之新。以问题为中心的教学模式极大地培育了学生的问题意识、科学思维及创新意识，为培育新时代"四有青少年"踏出了坚实一步。

一、PBL 教学模式的内涵、特征与原则

1. PBL 教学模式的内涵

PBL 教学模式，英文全名为 Problem Based Learning。顾名思义，该模式是以问题为导向，以学生为中心的全新教学模式。对 PBL 教学模式内涵的界定主要分为国外和国内两种。首先，国外对其内涵的界定源于 1969 年美国神经病学教授巴罗斯和他的同事克尔森，他们对 PBL 模式的内涵界定为：PBL 既是一种课程又是一种学习方式。作为课程，它包括精心选择和设计的问题，而解决这些问题要求学习者能够获取关键的知识，具备熟练的问题解决技能、自主学习的策略，以及处理在生活和工作中参与小组活动的技能；作为一种学习方式，学习者要使用系统的方法去解决问题以及处理在生活和工作中遇到的难题。[①] 其次，在国内来说，各学者分别从教学效果、教学方法和教学过程进行了界定，对 PBL 教学模式给予学生的主动性、给予授课方式的创新性进行了阐述。归根结底，PBL 教学模式是以一种探究性为主，双向激发课堂活力的创新性教学方法、教学理念和教学模式。最后，PBL 在具体应用中可以分为四种教学模式，分别为医学院模式、流动促进者模式、同学导师模式以及大班模式。尽管它们表现方式有所不同，但其本质相同，都将主动学习、知识构建和社会融合紧密联系到课堂教学中。

PBL 教学模式首先在医学教育领域里广泛应用并逐渐对各学科产生积极影响。PBL 教学模式最初是由刘儒德教授引入我国，他认为 PBL 是一种与建构主义理论相吻合的、以问题为基础的问题式学习法。如今 PBL 教学法在美国、中国、加拿大、西班牙、土耳其等国家都有广泛应用。PBL 教学模式极大地提高了学生参与课堂的积极性，使学生能够自主地承担任务、完成任务，以此培养学生自主学习能力和问题意识。PBL 教学模式将学生的智力活动和学习过程紧密结合，使他们对理论知识的理解和掌握更加深刻，因此，它是一种激发学生互动和体验的主动学习方法[②]。PBL 教学模式是以学生为中心，以问题为导向，学生主动地去获取知识、分析知

[①] 吴殿朝. PBL 教学模式的内涵探析 [J]. 河南司法警官职业学院学报，2011，9（3）：121.
[②] 魏光月，刘松艳，王萌，等. PBL 教学法在无机化学概念性知识中的应用 [J]. 化学教育（中英文），2021，42（20）：42.

识和应用知识。在解决问题的过程中,学生以小组为单位,在合作讨论中深化自身对问题的思考,分工合作共同解决教师抛出的问题。

PBL教学模式以问题作为学生学习的起点,以学生主动承担学习任务为教学过程,以公开展示和总结评价作为学生学习的终点,将问题作为课堂学习的主框架,极大地培养了学生批判性思维和问题意识。该模式的基本环节大致分为四个部分。第一,创设问题。教师根据教学目标、教学任务以及教材内容设置问题并事先抛出问题。第二,自身思考及分组讨论。学生以教师抛出的问题为中心收集资料,主动思考并在自身分工完成后进行小组讨论。第三,总结汇报。以小组为单位汇聚每个学生的智力成果,并将此份成果在课上以小组报告、课堂汇报等形式向大家展示。第四,总结评价。教师对各小组的学习成果进行总结并对问题涉及的相关知识进行补充完善,使学生对本节课程的理论知识拥有系统性认识。

PBL是以P(problem)为中心的教学模式,与教育学和心理学等学科有着密切联系,与建构主义理论、情境学习理论和合作学习理论也有着密切联系。首先,建构主义理论解决了"什么是学习"和"怎样学习"的问题,PBL教学模式对建构主义理论的应用在于引导学生以探究问题的形式对课程中难懂的概念及理论知识进行信息的获取并进行系统搭建,使其在解决问题的过程中不断总结反思从而构建出自身的知识架构。其次,情境学习理论解决了理论和现实关系的问题,PBL教学模式以情境学习理论为基础引导学生将理论与现实问题相结合,鼓励学生将自身知识应用到现实情境中,提升学生解决问题的能力。最后,合作学习理论解决了"什么样的课堂氛围"的问题,PBL教学模式以合作学习理论为指导,在课堂上鼓励学生进行小组合作、小组讨论,最终形成小组成果进行课堂展示,以良好的合作互动的课堂氛围激发学生对课堂知识的兴趣并培育学生社会交往能力和协作技巧,在极大地提高课堂效率的同时发展学生的社会技能。

2. PBL教学模式的特征

PBL教学模式有如下特征。

第一,情境性与问题性相融合。PBL是以问题为导向的一种教学模式,能否取得良好的教学效果与问题的质量有着密切联系。教师能否抓住课程核心设计出问题对于此教学模式的顺利应用具有十分重要的影响。问题的设置必须是有意义、有深度的,这就意味着教师要将问题与教学内容相结合,抛出有利于培养学生进行独立思考并能够解决的问题。问题设置成功与否事关培养学生将所学知识运用到具体的生活情境中解决问题的能力和素质，因而问题的设置需要处在一个真实复杂的情境中，具有情境性。

第二，问题设置目标的研讨性。PBL是以教材为基本又超越教材的一种教育模式。教师将教材中的核心即理论知识凝练出来，通过设置问题情境，让学生在探究和解决问题的过程中加深对理论的理解，增强学生对理论知识的记忆。因此，PBL教学模式提倡教师的教学话语由固化形式转变为动态形式。PBL教学模式的问题设置关系到整个教学过程，在教学活动结束之后，学生要达到解决问题的目的，因而问题设置目标应该处于引发学生思考和讨论的范围，使学生能够通过自身的学习思考与同伴进行协作探究，发现问题并利用自身认知分析问题，进而解决问题。

第三，强调学生学习的主动性。PBL不同于传统教学模式以单一的灌输式教育为主，它弱化了教师的主导地位，增加了学生在课堂上的话语权，把课堂的话语权由传统的一言堂模式转换为师生彼此交流探讨的模式，这在契合青年学子追求个性的新特点的同时，也极大地增强了他们对于课堂理论知识的好奇心，使他们增加了学习的主动性，进而加深对理论知识的掌握和理解，并以此培育其问题意识，鼓励他们在收集资料、小组探讨和课堂展示中发现问题、交流问题，使他们在主动学习的过程中不断加深对抽象性问题的理解。

第四，强调学生学习的协作性。PBL教学模式是一种以学生为中心通过小组合作学习来完成的，学生通过自身学习进行自我提高，并将问题与小组成员一起思考、讨论和汇总，通过小组合作的方式取长补短，不仅减少自身的学习压力，还可以在学习的过程中提升自身的思辨和沟通交流能力，培养学生良好的团队意识。

3. PBL教学模式的原则

PBL教学模式遵循如下原则。

第一，循序渐进原则。在教学过程中坚持循序渐进的原则，是指教师在决定教学方式和内容时应当考虑到学生接收信息的能力以及消化知识的能力，在传授知识时应当坚持由简入繁的渐次性教学方法，能够分阶段、有体系、更全面地引导学生掌握知识。在应用PBL教学模式时，坚持对循序渐进原则的把握将有助于学生在符合能力增长规律的情况下构建起完整的知识框架，从而引导学生在较为轻松的情况下完成对所学知识的内化与应用。在实际开展 PBL 教学过程中，循序渐进原则要求教师在选择课程内容、设置课程问题时应当注重问题的难度系数以及问题与问题之间的连贯性，可以在被选择问题上标注和解释清楚相对应的知识要点，以及所反映出的教学大纲的知识点，从而帮助教师能够清晰地梳理问题的逻辑顺序，从而结合学生的认知状况调整问题的提出顺序，依据由简单到复杂、由现象到本质的认知规律完成教学任务。

第二，注重启发原则。PBL 教学模式不同于传统的灌输教育模式，它更侧重于通过启发式教学手段激发学生的学习兴趣，从而提升教育实践活动的实效性。因此，应用 PBL 教学模式要求教师通过一定的教学技巧吸引学生的学习兴趣，提高学生的学习积极性，从而获得相较于其他模式更好的教学效果。为此，在应用 PBL 教学模式开展教学时，教师应当着重思考如何引入教学内容，同时选取学生感兴趣的切入点引入本节课的教学内容，并在学生兴趣浓厚之时及时开展教学内容的讲解。另外，教师在应用 PBL 教学模式开展教学中，还应当具备准确把握教学过程中教学重点的能力，从而在教授重点内容时能够引导学生独立完成，以此加深学生对于关键知识的记忆程度。由于问题的设置在 PBL 教学模式的设置当中是至关重要的，因此，教师应在教学过程中设置问题情境，通过切题的情境使得学生更易接受教学内容、掌握知识技能。

第三，注重实践原则。教学的目的不仅是使学生掌握理论知识，更是使学生能够在实践中应用所学知识。因此，知识摄取的最终目的是指导实践。这就要求思政课教师应用 PBL 教学模式时坚持双重实践原则：一方面教师要注重实践原则，要求教师在制订教学计划中考虑实践条件，应保证教学计划在某种情况下是可以执行的。也就是说，PBL 模式指导下的教学在进行设计的过程中要能够付诸实践，而非难以用于实际课堂教学中；另一方面学生也要注重实践原则，要求学生能将理论融入实践，只有引导学生用所学知识指导实践，才能够加深学生对知识的掌握程度，从而提高教育效果。

第四，注重直观教学原则。在现代教学中，我们经常忽略感性教学这个重要的方式，单纯地注重通过理性教学向学生输送知识，因此，作为感性教学重要体现的直观教学也同样被忽略。这就要求在应用 PBL 教学模式的过程中注重一定程度上发挥直观教学的作用，不断在创设教学问题的过程中注重其可实践性以及与学生生活的关联性。例如，思政课教师可以运用 VR 技术将红色抗战故事在虚拟空间中还原出来，使得学生可以直观地感受到抗日先辈顽强的拼搏精神。同时要注意的是，在进行直观教学时应当考虑与教学内容的适配度及系统性，避免为了直观而直观的形式主义。

二、新时代高校思政课运用 PBL 教学模式的意义

高校思政课是落实立德树人根本任务、培养时代新人的关键课程，相较于传统的教学模式，PBL 教学模式从以教师为主体转变为以学生为中心，提高了学生主动学习的积极性，有助于提高思政课教学实效性。

1. 理论性与现实性相结合，提升学生问题意识

习近平总书记在党的二十大报告中指出："继续推进实践基础上的理论创新，首先要把握好新时代中国特色社会主义思想的世界观和方法论，坚持好、运用好贯穿其中的立场观点方法。"①"必须坚持问题导向"是习近平中国特色社会主义思想中重要的世界观和方法论之一，因而，坚持问题导向，培养学生问题意识是高校思政课教学的应有之义。

高校思政课的课程设置大多为政治理论性为主，实践性较弱，这也就导致了大部分学生对于思政课的态度较为被动，不会主动地创设情境，带入问题。将 PBL 教学模式引入高校思政课，打破了传统的理论教学方式，从教师单一地从课本提取知识教育学生，转为以学生为中心对教师抛出的问题进行思考与讨论，教师抛出的情境性问题让学生能够更好地把理论和现实相结合，而非单一对照课本学习理论。全新 PBL 教学模式将单一的课堂模式转换为双向互动局面，使理论与现实相结合，进而加深了学生对问题及理论的理解，也进一步提高了学生的问题意识。

2. 问题性与研讨性相结合，树立科学思维

高校思政课引入 PBL 教学模式，将大大提高学生对理论问题的研讨性。PBL 教学模式是教师组织学生对一些基础问题展开多种形式的探究活动。这种探究活动对学生科学思维的形成具有重要意义。高校思政课应用 PBL 教学模式可以激发学生对理论学习的主动性和积极性，以问题的抛出

---

① 习近平. 高举中国特色社会主义伟大旗帜 为全面建设社会主义现代化国家而团结奋斗：在中国共产党第二十次全国代表大会上的报告［M］. 北京：人民出版社，2022：18.

鼓励学生自主思考以及合作探究，在独立思考中形成对理论的基本认知，在与他人的探讨中进行思维碰撞，在教师的总结评价中逐渐形成对理论的系统性认识，进而提升学生的辩证思维能力和系统思维能力等其他科学思维能力。高校思政课的根本任务在于立德树人，PBL 教学模式以全新的教学方法鼓励学生运用自身在思政课上学习到的知识成果来面对开放的世界，发现问题并解决问题，使学生逐步树立起正确的世界观、人生观和价值观。总之，将 PBL 教学模式引入高校思政课是提高学生思维能力的重要教学举措。

3. 创新性与发展性相结合，培育时代新人

高校思政课引入 PBL 教学模式，体现了高校思政课的理念更新和方法创新，也体现出 PBL 教学模式对于培育创新型人才的重要意义。新时代新征程，在实现第二个百年奋斗目标的伟大征途上培养堪当民族复兴重任的时代新人是对高校教师提出的新目标、新挑战。在这样的时代条件下，高校思政课如何帮助新时代的大学生坚定马克思主义信仰、树立远大理想具有不可磨灭的作用。青年是祖国的未来，人才更是祖国未来的核心。高校思政课引入 PBL 教学模式将大大促进学生政治认同、科学精神、法治意识及公共参与等思想政治学科核心素养的形成，并在此过程中增强学生对个人、社会及国家诸多理论和现实问题的思考和认识，提升学生关注社会现象、关心国家发展的积极性，增加新时代青年的公民责任感，增强主人翁意识。以习近平同志为核心的党中央在关于"十四五"规划和 2035 年的远景目标建议中也提到"坚持创新在我国现代化建设全局中的地位"，因此，将 PBL 教学模式引入高校思政课中，取长补短，更能改善我国教育注重理论而忽视实际的不足，为培养更多新型人才奠定坚实基础[①]。

---

① 叶进，雷丹丹，孔德瑞. PBL 模式嵌入高校思政理论课探析 [J]. 黑河学院学报，2022，13（2）：100.

三、新时代高校思政课 PBL 教学模式的运用

1. 新时代高校思政课运用 PBL 教学模式的应用过程

PBL 教学模式是进行教学改革创新的重要形式之一,其过程主要包括五个方面,即"提出问题—形成假设—收集资料—论证假设—评价总结"的五步法"①。而开展这五步法大概可以划分为三个阶段。

第一,准备阶段。PBL 教学模式要求教师引导学生在面对复杂问题时通过互相合作的学习方式提高自身知识水平,因此,在课程开始时就要对学生进行科学分组,并通过科学有效的分组提高学生之间合作的可能性和效果。在开始教学过程之前,教师可以通过摸底测试和学生间的自我介绍初步了解学生的知识基础、兴趣方向以及性格特点,然后再根据各门思政课不同的教学主题和问题情境的复杂程度对学生进行异质分组。应做到同一小组的组员具有不同的特点以保证可以互相协作,同时各组之间的总体水平应当基本持平,这样才能保障各组之间能够在同一起点公平地竞争,激发学生的积极性,也为教师对教学效果进行公正评价创造条件。在完成前期了解工作之后,教师应当在课程导学环节对全体学生进行培训,使其了解 PBL 教学模式的教学原理以及教学过程,明确自己的任务。同时在正式开展教学之前,教师应向学生介绍自己引导者、协作者的课程角色定位,使学生提前了解在未来课程中师生关系的转变,从而激发学生主动进行自主合作学习,引导学生逐渐成为教学的主体,积极参与教学过程。

第二,实施阶段。PBL 教学模式能否成功发挥效用,关键在于能否设置出符合教学内容并成功引导学生的问题。因此,"教师需要提供契合主题的教学素材,设置有意义的、适度复杂的问题情境,通过对关键知识点的重点讲解,澄清与问题相关的基本事实、背景知识、关键概念和重要理论,引导学生发现问题、识别问题。"② 高校思政课教师在选择教学内容时可以不局限于思政教材或者经典著作,还可以利用一些抗战遗址、纪录片等红色文化资源,并通过丰富的教学资源、依托问询、复述等方式帮助学生掌握所需要学习的知识。引导学生分析问题同样是应用 PBL 教学模式开

---

① 金茜. 国际关系专业英语的 PBL 教学探索 [J]. 中国高等教育,2021(Z2):45.
② 同①.

展教学的重中之重,这个过程由自我学习和小组研讨这两个以学生为主体的双向互动环节组成。在引导学生分析问题时,教师扮演的是一个协助者的角色,可以向学生推荐能够利用的学习资料以及引导他们选择适合解决问题的学习策略,转变学习方式,从而通过自身科学有效的学习分析完成自我学习。而学生完成自我学习之后,小组成员应开始彼此交流学习内容、探讨学习成效,小组成员之间可以自由发表见解、相互提问,经过广泛讨论之后,每一小组整理汇总信息并形成本小组的主要观点和解决问题的最佳策略。在小组研讨环节,教师应当时刻关注小组研讨的氛围,并监测讨论内容的走向,及时发现学生讨论中遇到的问题和障碍,并为其作出解答和指引。提出问题是为了解决问题,因此解决问题也是 PBL 教学模式的关键所在。在思政课的教学过程中,通常采用课堂展示的方式展示问题解决的成果。各小组可以制作 PPT,并根据自己研讨的解题策略自行确定小组汇报内容。在成果展示阶段,学生可以充分体验到同伴支持、集体荣誉感以及学习成果得到肯定的愉悦。

第三,评价阶段。评价是 PBL 教学模式中必不可少的阶段,只有经过准确的评价,学生才能清楚地认识到自身学习过程中存在的问题及不足,从而基于不足之处进行有针对性的思考。评价环节主要分为四个方面,分别是自我评价、同伴互评、小组互评、教师评价。自我评价环节要求学生对自身学习过程和结果进行评价,并以此进行自我诊断和自我纠正,从而主动调整学习方式,发展独立有效的学习策略,不断提高自学和自律的能力。同伴互评是指学生对组内的同伴进行打分,可以从合作过程中的行为表现或者结果产出的数量、质量等方面进行评判。为了保证同伴互评的科学性和公平性,在开始进行评价之前教师应当事先开发出具体的评价量规,向学生详细解释评价标准,助其实现标准内化,站在评价者的角度看待问题,有针对性地对小组成员进行逐项评价。而小组互评主要是指各个小组之间对互相的课堂展示成果进行评定、登记。和同伴互评一样,教师在进行小组互评之前也应当对评审的指标作出框定,如可以从问题立意、汇报内容、语言表达、幻灯片制作、团队协作五个方面进行打分。教师评价分为两部分内容,一方面是对学生个人的课堂表现和学习能力进行打分,另一方面是对每个小组的课堂展示成果进行考核,通过个人和整体评教相结合的评价方式从而更加全面、有针对性地获得反馈。同时,PBL 教学模式也可以一定程度依赖量化考核的方式,教师可以根据期中考试的结果对教学效果进行阶段性检验,从而及时调整教学的进度和转换教学的方式,并充分发挥期末考试这种总结性评价的方式,检验 PBL 教学模式的最终效果。

2. 新时代高校思政课运用 PBL 教学模式过程中需注重的问题

PBL 教学模式虽然是我们进行新时代高校思政课教学改革中不断探索的新型教学方法,其在实际的教学过程中也具有传统教学方法所不具备的优点,但在运用它的同时也有几个需要着重注意的关键问题点。

第一,及时引领价值认同。思政课教学的主要目的便是引领学生的价值认同,通过了解问题、分析问题、解决问题等教学引导环节,不断弄清学生的思想认识,引导学生更加认同党的路线方针政策,从而发自内心地拥护党的领导。但是 PBL 教学模式具有以问题模式突出学生主体性的特点,因此,"在学生自主解决问题过程中将不可避免地呈现出多面的价值观,从而造成价值观塑造道路上的偏移"①。因此在实践教学过程中,教师要注意给予适当的干预,特别是在总结阶段,应在肯定学生对问题分析的基础上,引领学生树立正确的价值观念,达到引领价值认同的目的。

第二,灵活调整教育方法。PBL 教学模式并不一定适合各门思政课的所有专题,因此,教师应当结合专题实际,分类应用不同的教学方式。在选取教学方式时,我们应当结合教育内容的特点寻求最为合适的教学手段,对于一些学生掌握度较好的且内容较为系统完整的章节可以采取 PBL 教学方法,因为这样可以有效地避免 PBL 缺乏传统教学的系统性的缺点。而对于那些零散的、浅显的章节则建议采用传统的讲授法对内容进行严谨、系统的讲解,这样能生动系统地让学生掌握此章节的知识点,并使思政课授课的形式更加多样化。

第三,始终明确问题核心。设计问题的好坏是评判教师能否应用好 PBL 教学模式的重点,一个恰当的问题不仅能开阔学生的思维,引导他们思考,而且也能让教学效果获得极大的提升。因此,思政课教师在设计问题时要考虑学生目前的实际情况,例如学生的兴趣点是什么,学习能力的强弱,以及最近关注的社会热点问题是什么等多个方面。并且在选取问题时一定要保证问题难度适中,且和教学内容关联度较大,如此才能取得

---

① 王显芳,郭智芳,姚兰芳.高校"形势与政策"课应用 PBL 教学法的实践与探索[J].思想教育研究,2016(2):75.

"四两拨千斤"的教学效果。同时，在学生讨论、分析问题时一旦出现偏差和不到位的情况，教师应当敏锐地发现并帮助学生对问题进行分析，摆正学习方向，并启发学生如何进行分析和解决问题，帮助学生树立学习信心，从而提高教学的实效性。

第四，注重转变教学理念。在传统的教学方式中，教师的主要任务就是传授知识。因此，在教学中教师始终在教学过程处于主导地位。教师可以自行选择教学内容，并通过讲授这种方式向学生系统地传授书本中的知识。"在传统教学模式中，除了这种最基本的教学模式外，还有设置个人的学习情境，严格控制学习过程的自学辅导教学模式；提供结构化材料引导学生进行探索发现学习的教学模式……所有这些教学模式都是以教师为主导地位的。"[1] 而 PBL 教学模式与这些教学模式有所不同，教师只是整个学习过程的组织者和指导者，学生才是教学的主体，因此，教师必须及时转变教育学习观念，坚持以学生为主体的教学观念。在应用 PBL 教学模式开展教学的过程中，教师一定要着重考量学生的兴趣所在，然后给予适当的指引，切记不要亲自参与到学生解决实际问题的过程中，一定要让学生运用自己的能力解决所遇到的问题，这样才能更好地发挥 PBL 教学模式的作用。

第二节 新时代高校思想政治理论课问题导向式教学模式

高校思想政治理论课作为立德树人的关键课程，在提高学生的政治素养上发挥着重要的作用。如何进一步提高思政课教学质量、引起学生学习兴趣，使得思政课真正做到"润物细无声"，是高校思政课教学不断追求的目标。习近平总书记在思想政治理论课教师座谈会上指出：要"坚持灌输性和启发性相统一，注重启发性教育，引导学生发现问题、分析问题、思考问题，在不断启发中让学生水到渠成得出结论"[2]。以问题为导向开展

---

[1] 唐洪. 论 PBL 教学模式中教师的地位和作用 [J]. 中国成人教育，2006 (9)：118.
[2] 中共中央办公厅，国务院办公厅. 用新时代中国特色社会主义思想铸魂育人 贯彻党的教育方针 落实立德树人根本任务 [N]. 人民日报，2019-03-19 (1).

教学既是增强思想政治理论课思想性、理论性的有效办法，同时也有助于增强思想政治理论课的亲和力、针对性、感染力，以学生为中心，激发学生的主体意识，打破传统课堂只注重教师满堂灌而忽视学生能动地学习的状况，使思想政治理论课有故事、有画面、有温度、有深度。

一、新时代高校思想政治理论课采用问题导向式教学模式的必要性

"问题"是人类思维活动的原动力，是构成课堂教学的心脏，是师生互动、生生互动的桥梁。思想政治理论课是进行理想信念教育及培养学生思辨思维、理论思考能力的主渠道和核心课程，其教学内容具有很强的理论性与思辨性，以问题为导向阐释理论知识能够有效化解理论难点，从而促进学生对问题的思考和对理论知识的把握，坚持问题导向已然成为高校思想政治理论课教学的重要模式。

1. 以问题为导向是讲好高校思想政治理论课的内在要求

以问题为导向是马克思主义的鲜明特点。马克思指出："真正的批判要分析的不是答案，而是问题。"① 马克思聚焦处于社会底层的广大人民群众在资本主义制度支配下异化的现实世界中受压迫、受奴役、受剥削及生活贫困的时代问题，将解决全人类的解放问题作为其毕生所求，揭露并批判资本主义的剥削实质，强调人的个性或个性的人的生成，重视个人的自由全面发展，提出建立"自由人联合体"以实现人类平等自由的生活。马克思主义正是在对时代的迫切问题、现实实践问题的追问思考与解答的过程中生成并发展的具有批判精神和问题意识的科学理论体系。马克思主义一经传入中国便成为破解中国实际问题的理论指南，并在不断直面和回应中国之问、世界之问、人民之问、时代之问的过程中谱写中国化时代化的新篇章。以问题为导向深深熔铸在马克思主义的血脉中，成为促进其在实践中不断发展的动力之源和强劲引擎。思想政治理论课是开展马克思主义理论教育的基础性主干课程，其回答了"什么是马克思主义，为什么要学马克思主义"这一最首要的、最关键的也是学生思想认识方面最感疑惑的

---

① 马克思，恩格斯. 马克思恩格斯全集：第1卷 [M]. 中共中央马克思恩格斯列宁斯大林著作编译局，编译. 北京：人民出版社，1995：203.

问题，其与马克思主义血脉相连，自然地继承了坚持强烈问题导向的鲜活基因。

高校思想政治理论课聚焦立德树人根本任务，旨在以马克思主义为指导培育时代新人，是具有极强内在逻辑性、鲜明政治属性、饱满理论深度的启迪思想、触及心灵的重要课程。高校思想政治理论课涉及的知识体系具有较强的理论纵深度和宽广度，因此，教师抽象的理论灌输、经院式说教更加使思想政治理论课常常与枯燥相伴，学生学习的主动性和积极性不高。如何在确保思想政治理论课思想性、理论性的基础上使抽象的知识具体化、深奥的理论鲜活化、枯燥的原理生动化，提高思想政治理论课的亲和力、针对性，增强学生的参与感、获得感，成为思想政治理论课教学亟须解决的问题。"问题"是激发人求知和思考欲望的驱动器，思维的火花唯有在问答活动中才能生成并绽放出璀璨的时代光芒。在思想政治理论课教学中，"问题"是一头系着教师、一头系着学生，一头连着理论知识、一头连着现实生活的纽带，起着促进教材体系向教学体系转化的重要作用。思想政治理论课的课程性质和课程特点内在地规定着讲好思想政治理论课不能单纯依靠对概念、范畴、原理的单向灌输，而要以问题为线索将教材的理论知识串联起来，在师生的双向问答互动中把思想政治理论课内容讲清楚、讲明白、讲透彻。

2. 高校思想政治理论课问题导向式教学有助于培养学生主体性

高校思政课应用问题导向式教学有助于培养学生主体性。促进大学生的能力提高和思想提升是高校开展思政课的重要目标之一，这就要求在思政课的开展过程中必须充分考虑学生的身心发展特点，以此为重要依据展开教学，充分发挥学生作为授课对象的主体性。受到传统灌输式教学的影响，高校思政课教学曾一度以教师课堂上单向度灌输、学生被动接受教学内容为主要模式，忽视了学生的主体性，大多存在课堂气氛沉闷、学生课堂参与度低、学生学习需求与知识体系讲授相脱节的现象。问题导向式教学作为新型的教学模式，不同于"教师讲，学生听"的单向灌输教学方法，强调学生主体性，以学生为中心进行教学，给学生足够的时间与教师进行沟通交流，学生成为课程教学主体。在这种教学模式中，学生敢于提问、勇于质疑，有较强的问题意识，由问题表面的讨论转化为深层次的思考，并通过团队合作的形式展开学习，通过团队分工、各司其职、互帮互助完成指定的教学任务。这种新型的教学模式通过问题线索，将思政课理论知识具体化为与学生实际密切相关的问题，使抽象、艰涩的概念理论通俗化进而易于被学生接受，引导学生自觉思考，从课程学习中真正获得相关知识，最终达到被动学习转变为主动学习的目的，有利于提高学生的独立思考能力、批判性思维、交流合作能力和团队协作能力，充分发挥学生主体性。

高校思政课应用问题导向式教学有助于增强师生互动性。思政课教学的过程是教师进行理论知识讲授的过程，即重点对于"是什么"进行讲解。受到传统教学模式的影响，教师在讲授过程中片面注重"是什么"的讲授，却忽视了学生想要学什么、怎么学，教师和学生之间的双向交流严重缺乏，思政课长期存在学生的抬头率低、参与度低、获得感低的教学痛点。基于此，教育部于2018年印发了《新时代高校思想政治理论课教学工作基本要求》，强调"课堂教学方法创新，要坚持以学生为主体，以教师为主导，加强师生互动，注重调动学生积极主动性"①。问题导向教学模式分为"问题—思考—交流—解答"四个推进环节，强调师生的双向互动。教师首先会根据教学目标以及热点话题设置问题，引导学生对相应问题进行思考和讨论，自发地运用已有的知识对问题进行深入思考，进而加深对课程知识的理解，在此基础上，教师结合教学的实际情况对教学内容进行详细的总结和反馈。由此可见，问题导向式教学的每一个环节都会产生师生之间的互动，课堂不再是教师的独白，而是师生双向的交流，在这一过程中，教师与学生的角色发生改变，教师由传统的"教授者"转换为"引导者"，原来作为"接受者"的学生转变为"探究者"，这种转变有利于打破沉闷的教学氛围，增进师生情感，加强师生之间的互动性，使得教学进入更高级的阶段。

3. 问题导向式教学有助于增强思想政治理论课教学的实效性

由于思想政治理论课的学科特殊性，在教学开展过程中，往往会出现不同课程、同一课程的不同章节教学侧重点不明显的问题。将问题导向式教学融入思政课，有利于思政课教师以问题为导向，对不同课程以及章节的侧重点进一步明确，以此增强思政课教学的针对性。同时，问题导向式教学要求思政课教师充分了解学生学习的兴趣点所在，由此展开教学便可

---

① 教育部关于印发《新时代高校思想政治理论课教学工作基本要求》的通知 [J]. 中华人民共和国教育部公报，2018（5）：17.

以兼顾课程的针对性以及学生学习的积极性，既不会因片面注重学生兴趣而脱离实际、泛泛而谈，又不会由于知识灌输的枯燥而影响学生学习的积极性。

问题导向式教学有效促进了思政课教学"内化于心、外化于行"目标的实现。问题导向式教学改变了思政课教学"理论脱离实际"的现状。就高校思想政治理论课教学的内容而言，其理论性较强，容易出现脱离实际、实践指导性差的问题。加之大数据时代的到来，学生必然会将对于现实社会问题的看法与思政课的教学内容相结合进行思考，思政课教学的实效性就显得更为重要。高校思政课要想做到"传道授业解惑"，真正解决学生内心深处的思想困惑、学习困惑和生活困惑，必须将晦涩难懂的理论知识与现实问题相结合，以通俗易懂的方式对学生进行正确的引导和教育。问题导向式教学就是要以宏远的战略眼光和强烈的现实关怀、以敏锐的洞察力和高度的概括力去审视和回答新时代的一系列重大问题，针对学生的疑惑作出饱含学理性的解析、富有信服力的回应[①]。问题导向式教学打破了理论与实际割裂的局面，它以学生的问题为轴心，在教学实践中充分结合当下实际，以现实生活中存在的实际问题进行课程导入，以解决实际问题为主线进行课程内容的交流和讲授，进而逐步实现思政课教学"内化于心、外化于行"的目标。

以问题为导向是适应学生发展需要的时代要求。思想政治理论课是以马克思主义真理铸魂育人的重点课程和重要阵地，其出发点和落脚点在于"育人"，因此，办好思想政治理论课必须牢牢抓住当代大学生这一关键主体。当代大学生成长于全球化、信息化、市场化的时代，"他们朝气蓬勃、好学上进、视野宽广、开放自信，是可爱、可信、可为的一代"[②]。拥有远大理想、具有鲜明个性、乐于思考探究、敢于提问质疑是新时代赋予当代大学生的显著特点。高校思政课教学要着眼于当代大学生善思善问的发展特点，为其提供观点与思想交流、辩论的舞台，使之在充分的课堂参与中汲取理论知识、接受真理熏陶。随着现代科学技术的迅速发展和我国社会的全面进步，当代大学生获取知识的渠道日益拓宽，传统课堂教学不再是获取知识的唯一渠道，网络和新媒体的出现使学生能够自主地摄取知识，

---

① 刘建军，梁祯婕. 论思想政治理论课教学的问题意识[J]. 马克思主义理论学科研究，2021，7(1)：105.

② 本报编辑部. 习近平首次点评"95后"大学生[N]. 人民日报，2017-01-03(2).

但这些知识并非都与主流意识形态相符合,网络和新媒体平台上各种碎片化的错误观点和迷惑性强的话语陷阱常常让学生很难分辨,从而滋生诸多难解的思想困惑。思想政治理论课作为以主流意识形态浸润心灵、塑造灵魂的课程,必须坚持问题导向,立足学生身心发展状况,敏锐洞察学生的思想困惑,观照现实以饱含逻辑性的知识、具有说服力的话语解答学生的迷茫与困惑,培养理想信念坚定、道德情操高尚、勇于担当奉献的时代新人。

二、新时代高校思想政治理论课问题导向式教学遵循的原则

习近平总书记在学校思想政治理论课教师座谈会上谈到,讲好思政课,思政课教师队伍责任重大,要用"新时代中国特色社会主义思想铸魂育人,引导学生增强中国特色社会主义道路自信、理论自信、制度自信和文化自信,厚植爱国主义情怀,把爱国情、强国志、报国行自觉融入坚持和发展中国特色社会主义事业、建设社会主义现代化强国、实现中华民族伟大复兴的奋斗之中"[①]。习近平总书记的重要讲话为如何讲好高校思政课提供了基本遵循,其中也蕴含着思政课问题导向式教学的要求与原则。

第一,坚持理论灌输与问题启发相统一的原则。思想政治理论课教学过程本质上是教师将马克思主义理论"灌输"进学生头脑并使其内化为学生的思想信念和精神追求、外化为行为准则和自觉行动的主流意识形态灌输过程。思想政治理论课教学的灌输性强调的是对马克思主义理论自觉地传递、输送、教育,是理论教育的方法论原则,与填鸭式、灌输式教学方法本质不同。学生无法自发产生对马克思主义的认识和解读,对其进行积极主动的理论灌输是必要的。理论灌输并非对教材中抽象的理论知识的说教式、注入式硬性灌输,而要讲究灌输艺术,将理论灌输与问题启发有机融合,以理论的逻辑力量征服学生,以问题为导引启发学生思考,实现思想政治理论课教学的价值引导作用。理论灌输与问题启发辩证统一、相辅相成。理论灌输是问题启发的目标和归宿,问题的提出和设置不是单纯为了提问而提问、就问题论问题,而是有目的、有计划地为理论知识的讲授服务,为完成既定的教学目标服务。问题启发为理论灌输注入不竭动力和新鲜活力,习近平总书记指出:"要注重启发式教育,引导学生发现问题、

---

① 习近平. 思政课是落实立德树人根本任务的关键课程[J]. 求是,2020(17):7.

分析问题、思考问题，在不断启发中让学生水到渠成得出结论。"① 启发式教育强调教学要以问题为起点激起学生的好奇心和求知欲，激活学生的发散性思维，在对问题的不断思考和探究中把握其中蕴藏的实质性内容，潜移默化地学习理论知识、接受思想教育、加强理论武装，达到润物无声、滴水漫灌的育人效果。思想政治理论课教学在进行马克思主义理论灌输的同时应充分发挥问题的启发、牵引作用，坚持"灌"中有"启"，并在对层层递进的问题的追问中深化对理论的理解、扩充知识视野，坚持"启"中有"灌"，最终在二者的统一中传授知识、阐明道理、启迪智慧。

第二，坚持教师主导与学生主体相统一的原则。问题是沟通教师的教与学生的学的桥梁，抛出能够服务于教学目标、导向教学内容的问题是思想政治理论课教师开展有效课堂教学的起点，而这些问题是否与学生关注点贴近、与生活实际贴近、与社会热点贴近，能否吸引学生注意、启发学生思考、带动学生参与，是关系思想政治理论课能否讲得既学理深厚又生动形象的关键点。思想政治理论课坚持问题导向式教学应在确保教师是问题的设置者、引导者的基础上充分发挥学生的主体性、能动性，培养学生主动发问、追问的意识与能力，在问题导向下筑牢知识地基、厚植理想信念、端正价值观念。问题在思想政治理论课中中介作用的发挥，要以教师对其的主导和学生对其的主动分析解决为重要保障。当今时代，纷繁复杂的思想文化观念交融交流、非主流意识形态无形渗透无疑会使正处于人生"拔节孕穗期"的青年大学生陷入迷茫和困惑，学校是意识形态工作的前沿阵地，思想政治理论课作为主流意识形态教育的主渠道应筑牢学生思想意识安全防线以抵御错误观点和错误思潮的侵袭。守好这一安全防线的关键在于教师，思想政治理论课教师需要敏锐洞察时代前沿问题，关注学生思想实际，准确把握问题实质并对这些问题给予回应和解答，切实发挥好在问题探究、剖析中的思想引领作用，凸显教师的主导地位。教师主导不同于教师主宰，在思想政治理论课问题导向式教学中，思想政治理论课教师应是问题设置、思想引领、教学内容、教学管理的主导而非主宰，这意味着思想政治理论课教学不能是一言堂式、简单说教式的单向知识传输，而应该是教师以与理论教学紧密相关、学生困惑与所应关注和理解的问题为切入，在问答活动中引导学生自觉思考问题、提出问题并积极主动求解

---

① 习近平. 思政课是落实立德树人根本任务的关键课程［J］. 求是，2020（17）：14.

问题，既授人以"鱼"，实现理论知识有效传输、正确价值观培育，又授人以"渔"，培养学生的问题意识及独立面对、沉着分析并切实解决问题的能力，营造教师乐教、教得有激情，学生乐学、学得有滋味的教学氛围。

第三，坚持价值引领与重视实效相统一的原则。思想政治理论课教学坚持问题导向必须重视以理论和现实问题为起始串联出完整的知识体系，达到以问激趣、以问启思、以问促学的效果，完成最基础的、既定的知识传授任务，并以丰厚知识积淀为载体最终实现塑造学生正确价值观念，增强政治认同、价值认同，坚定马克思主义信仰的目标。对学生正确价值观的培育、马克思主义信仰的培养实质上是思想政治理论课的课程性质使然和本质规定，知识传授的最终目的和归宿是价值建构，价值建构需以知识传授为前提和支撑。思想政治理论课教学中要坚持问题导向与知识传授、价值引导相统一，问题的提出要服务于理论知识的讲授并与价值观教育、信仰建构的目标相契合，只有找准将教材、学生、现实生活联结的问题点，并以此为基点讲明白抽象理论知识、解答学生思想困惑、建好知识堡垒，才能避免思想政治理论课教学陷入空洞政治宣教、纯粹道德训诫的泥潭，充分发挥其价值引领作用、切实取得价值引领成效，也只有在正确价值观念、崇高理想信念的引领下，才能使思想政治理论课的知识建构与传授行之有道。思想政治理论课问题导向教学要重视实效，强调开展教学取得的教学效果，即是否围绕核心问题阐明并有效传授马克思主义理论知识，是否在理论传授的基础上实现正确价值观引导。增强问题导向教学的实效性要着重在"问题"的选择上下功夫。教师应在立足于对教材内容全面考察、对社会焦点热点问题准确把握、对学生认知能力和理论水平深入分析的基础上，有针对性地设置为学生所了解、所深感困惑、所必须知晓且能够激起学生思考热情、辩论兴趣的问题，在师生的有效问答互动中不断深化对重大理论和现实问题的认识，感受马克思主义真理的魅力，坚定马克思主义信仰。这种问题导向教学满足学生强烈求知需求并促进科学理论知识与正确价值观内化于心、外化于行，提升思想政治理论课教学实效性。

三、新时代高校思想政治理论课问题导向式教学的实现路径

习近平总书记指出:"思政课的本质是讲道理,要注重方式方法,把道理讲深、讲透、讲活。"① "讲道理"讲的是马克思主义的道理,思想政治理论课教学内容与马克思主义概念性、原理性内容直接相关,是将这一道理讲清楚讲明白首要的奠基性课程。讲道理的重点在于"深""透""活","讲深"即讲授注重历史厚度、理论深度,把马克思主义的深邃理论内涵、深刻思想意蕴及其蕴含的学理道理哲理讲出来;"讲透"即在讲清理论本身的基础上直面现实矛盾问题,解答学生思想困惑、端正学生思想观念,用理论逻辑的严密性征服学生;"讲活"即在确保"深""透"的前提下把思想政治理论课讲得可亲可信、温暖鲜活。"问题"是贯穿讲道理过程始终的不可或缺的重要元素,在问题导向下更新教学理念、优化教学内容体系、创新教学方法,为思想政治理论课讲深、讲透、讲活思想之道和科学之理提供了崭新路径。

1. 树立问题导向下以学生为中心的教学理念

教学理念是教师在长期教学实践中形成的用以指导教学活动的关于教学的基本观念和信念,教学理念先进与否关乎是否能达成预期的教学效果、完成已定的教学目标。以问题为导向推进思想政治理论课教学不仅要牢牢把住"问题",更要紧紧抓住学生,以问题为牵引,以学生为中心。为此,作为学生智识成长、思想成长引路人的思想政治理论课教师需要确立以学生为中心的教学理念,深入了解学生,掌握其所思、所惑、所想、所需,夯实自身理论功底,练就见问则喜、不怕质疑、有问必答、有难必解的过硬本领。

思想政治理论课教师应准确洞察并及时解答学生思想之惑。思想政治理论课教学面向的是互联网时代下处于一定社会交往关系中思维活跃、勤思好学、乐于接受新知,同时处在正确价值观尚未完全形成、由不成熟向成熟过渡阶段的青年学生,作为互联网的"原住民",其学习、思考方式带有鲜明的网络烙印,而网络中海量信息良莠不齐,往往使其产生诸多学习、生活等方面的思想困惑。善于察觉、勇于直面学生思想困惑,以马克

---

① 本报编辑部. 坚持党的领导传承红色基因扎根中国大地 走出一条建设中国特色世界一流大学新路 [N]. 人民日报,2022-04-26 (1).

思主义的真理力量帮助学生疏通心中郁结、澄清认识误区、解开思想疙瘩、廓清思想迷雾，是思想政治理论课教师开展教学的重要突破点、切入点和关注点。思想政治理论课教师要剥开学生所疑惑的问题的浅层表象，深入到问题根部去挖掘其本质，"把这些问题掰开了、揉碎了，深入研究解答，把事实和道理一条条讲清楚"①，讲得简明扼要、重点突出、条理分明，要找准主干问题并以此为切入点，在剖析解决主干问题的过程中触类旁通，促进关联问题的解决，要注重解决问题的及时性，避免错误思潮、思想、观点对学生产生消极影响。此外，思想政治理论课教师应基于对学生日常生活、思想状况及社会热点的考察，在与学生思想共享共赏的基础上洞察学生的潜在困惑，激发其不断探求新知以解思想之惑的主动性、积极性。

思想政治理论课教师理论功底要深，从而经得住学生"为什么"之追问。习近平总书记强调："真理从来是在诘问和辩难中发展起来的，如果一问就问倒了，那就说明所讲的不是真理或者自己还没有掌握真理。"② 思想政治理论课讲的是马克思主义的道理，马克思主义是早已在历史和实践的检验中证明了的真理，作为铸魂育人主要工程师的思想政治理论课教师要讲好真理，在面对学生"为什么"的诘问和辩难时保持从容镇定，并以科学缜密的学理分析、逻辑清晰的理论讲授为其释疑解惑，首要的、最根本的便是要掌握真理，扎实理论功底，丰富知识储备。思想政治理论课教师要潜下心来深钻细研经典著作，从中探求马克思主义的理论内核与精神实质，在读懂原著的过程中打通悟透马克思主义理论的内在逻辑体系，构建稳固坚实的知识大厦。只有先行一步用扎实的理论武装自己的头脑，经过思想上的淬炼始终保持信仰上的坚定、理论上的清醒，思想政治理论课教师才能在教学中避免捉襟见肘、见问则怵、一问就倒，要有不怕问的底气、怕不问的心态、见问则喜的胸怀，能够敏锐感知问题并用深入浅出、鞭辟入里的分析论证解答问题，在教学中做到游刃有余，引导学生真心信服马克思主义，既做有渊博学识以教授知识的"经师"，又做以身作则修身立德铸造学生灵魂的"人师"。

2. 保证教师主导作用充分发挥

问题导向式教学的核心在于教师主导和学生主体的有机统一，教师作

---

① 习近平. 思政课是落实立德树人根本任务的关键课程［J］. 求是，2020（17）：13.
② 同①.

为问题导向式思政课的组织者必须充分发挥其主导作用。就主观性因素而言，教师在教学设计和备课过程中，要对问题导向式教学的每一个环节精细化准备，对于课堂导入问题的设置以及分析和讨论问题的步骤都要做到宏观上的把控，从而做到心中有底、自信引导。在问题的选择上要有代表性和探究性，符合教学目标和教学内容的要求。在分析问题的过程中要做到透过现象看本质，从简单生动的问题表面入手，用透彻准确的学理分析实质，进而引导学生、赢得学生，让学生自然而然地得出结论，让课堂教学水到渠成。除此之外，要深刻认识到学生作为被教育者的主体作用，在教学过程中要引导学生广泛主动地参与对问题的分析与讨论，激发学生的主体性意识，积极调动学生主动参与分析探讨问题的热情。

3. 以"问题"为线索优化教学内容体系

教学内容是构成思想政治理论课教学最核心、最关键、最基本的要素，能否基于教材内容联系现实问题实现教学内容的优化和提升，是关乎思想政治理论课是否能保证"抬头率"、是否能提高教学实效性的根本所在。思想政治理论课教师要着力打造以教材内容为依托、以现实问题为考量的集理论性与新颖性、现实性于一体的教学内容体系。

思想政治理论课教师应善于抓住教材的重难点问题，凸显教学内容的理论性。吃透教材是思想政治理论课教师开展教学的前提，"吃透教材"即把握教材的主要内容和逻辑线索，理清知识脉络，破解重难点问题。思想政治理论课教材中的重难点问题往往是抽象性、思辨性、理论性最强的问题，是学生最难以理解的问题，因而也是思想政治理论课教师应集中思考和攻克的问题。思想政治理论课教师教学不能绕开重点、避开难点讲，而要对重难点问题进行深入研究和着重解答。面对重点问题要讲清其"重"在何处，面对难点问题要化难为易，要在重难点处设问，在问答互动、思想碰撞、观点辩论中潜移默化、深入浅出地推进重难点问题教学，强化学生对重难点理论知识的记忆。思想政治理论课教材内容涉及诸多经典原著内容，在对重难点问题的阐释中更是如此，抽象概念、深奥原理常常会令学生产生畏难情绪，使其对理论学习提不起兴趣，出现死记硬背知识点以应付考试的被动学习状况。对此，思想政治理论课教师要切忌照本宣科，切忌把学生当作知识容器一味地进行抽象理论投放，而要寻找打开学生思想世界大门的钥匙，走进学生日常生活中去熟悉其表达方式与话语特点，在处理重难点问题时将概念化、理论化的教材语言转化为学生易于接受、通俗易懂、生动形象的教学语言，激活学生主动参与课堂、主动思考提问、主动摄取知识的积极性，把重难点问题讲得既有逻辑、有思想，又有趣味、有艺术。

思想政治理论课教师应敢于直面并回答尖锐重大的现实问题，及时更新教学内容。思想政治理论课教学以统编教材内容为基准，教学基本内容具有规范性、相对稳定性，但在实际课堂教学中学生所关注关心的问题不仅仅局限于教材内容，信息获取方式的便捷化、信息内容的多样化使其知识面拓宽的同时增加了其对许多现实问题的困惑。鉴于此，思想政治理论课教师必须以极其敏锐的目光发现尖锐重大现实问题，并对其进行富有前瞻性的思考，"教育引导学生正确看待、辩证认识、理性分析现实问题"[①]，及时解决学生对于这些问题的疑问。尖锐重大的现实问题是比较敏感、复杂且影响社会发展的重要理论和实践问题，讲清楚这些问题并非易事，思想政治理论课教师要率先站稳政治立场、坚定理想信念，加强理论修养、加快知识更新，才能坦然直面并明确解答这些问题。思想政治理论课教师教学既要立足教材，又要走出教材，最终要回归教材。立足教材即教学内容的设计不能脱离教材，要以统编教材的内容和主题为红线，深刻理解并系统把握教材；走出教材即把握学术前沿问题，关注学生思想困惑问题，聚焦社会尖锐重大现实问题，在教学内容中融入这些问题，及时更新并优化教学内容；回归教材即结合教材结论、观点、立场对学生提出的尖锐重大现实问题作出具有价值引领性的学理性解答。

4. 基于问题式教学创新教学方法

问题是一切事物存在的基本前提，纷繁复杂的社会现象和现实生活背后有着无数的问题值得我们思考和探究。我们眼睛所看的只是事物的现象，而不是问题，发现问题是一个提炼问题的过程。发现问题必须坚持马克思主义的辩证思维方式。问题是问题导向式教学中最基础的因素，问题的提出和呈现是开展问题导向式教学的初始环节。教师应在结合学生身心发展特点和教学目标的基础上精心选择与现实生活息息相关的热点问题，将思想政治理论课教学内容与当今时代基本的、重要的、有重大影响的问题结合起来，以问题为导向，创设具体情境，引起学生学习的热情和积极性，引导其主动思考、共同讨论、相互启发，培养其发现问题、分析问题

---

① 习近平. 思政课是落实立德树人根本任务的关键课程[J]. 求是，2020（17）：13.

和解决问题的能力。

拥有高度的问题意识是思想政治理论课教师讲好思想政治理论课的基本保证，把这种问题意识贯穿于教学全过程并落实到教学方法上，实现教学方法的创新是有效发挥思想政治理论课释疑解惑、知识传授、价值引领作用，提高其教学实效性的关键所在。思想政治理论课教师要抓住问题、紧扣问题、围绕问题思考如何才能有效提问，不断创新教学方法。

聚焦"问题靶"，培养学生提出问题的能力，增强问题教学的针对性。问题靶是问题所指向的目标和对象。思想政治理论课教学中要确立问题意识，关键是设置问题靶。设置好问题靶，问题教学便成功了一半，甚至是一大半。思想政治理论课在问题教学中设置问题靶，需要准确把握问题靶与教学目标的关系。教师在开展教学的过程中要坚持问题导向，深入考察学生的身心发展特点和思维学习方式，以问题为中心设置问题靶。问题靶要抓住课程教学的主要矛盾，不仅应充分指向教学的重难点，更应聚焦于学生学习的兴趣点和关注点。好的问题靶意味着教师对于课程内容以及课程目标有着恰到好处的把握。问题靶的设置在一定程度上是教师树立问题意识的重要标志之一。因此，思想政治理论课必须以问题为中心，聚焦主要矛盾，设置有效的问题靶①。

寓"疑"于"境"，激起学生思维的火花。学起于思，思源于疑，疑发于境。问题生发于特定情境，情境需要问题的融入为其增色添彩。思想政治理论课教师要创设问题情境，不是干巴巴地直接抛出问题，而是联系学生生活实际创设情境，在所设情境中自然而然地提出问题，引起学生的情感共鸣，促进学生在原有知识结构与新的问题情境的积极交互中实现对知识的主动建构。思想政治理论课问题情境的创设要与教学内容和目标相适应，问题情境的设置实质上是为了吸引学生让其作为主人公自觉地参与到情境中去解决问题、获取知识，培养思维能力，因此，教师要牢记设置问题情境的初衷，始终坚持以理论讲授、价值观培育为重，避免出现空有问题情境缺少理论阐释、问题情境与理论内容相脱节的状况。思想政治理论课教师在设计问题情境时应结合学生兴趣点、理论前沿热点、教学重难点、实际生活案例，创设形象直观、新颖典型、主题鲜明的问题情境。注意问题与所设情境的关联性，依据情境设置的问题应该是较为浅显的能够

---

① 秦书生，梅可欣，薛念辉. 高校"马克思主义基本原理"课问题导向教学模式探析［J］. 辽宁经济，2023（4）：89.

为学生理解和解答的，问题背后的本质及其所蕴藏的原理性内容应该是深刻的需要教师点拨才能豁然开朗、切实掌握的。在生动情境与合理问题有机融合、学生能动思考与教师适时点拨相互配合的条件下，才能将枯燥的理论知识讲得鲜活立体、形象具体、引人深思。

巧设"问题链"，提高学生思考问题的主动性与积极性。思想政治理论课教学以问题为突破口，问题设置是否合理、衔接是否紧密是能否保持课堂高抬头率、高听课率、高参与率的重要因素。思想政治理论课教师必须立足对教材的系统分析和对学情的全面把握，以问题为抓手开展"问题链教学"。"问题链教学"即教师紧密联系教材重难点内容、学生思想困惑之处及社会现实问题，结合特定的教学主题与创设的教学情境，精心设计循序渐进、环环相扣、由浅入深的阶梯状"问题链"，点燃学生不断探索、主动追问的思想火焰，在解决层层深入的一个又一个问题中推进教学，提高学生独立思考及分析解决问题的能力，实现理论知识建构，确立马克思主义信仰。"问题链"中的问题不是相互割裂、相互排斥的，而是由易到难、由现象到本质、相互联系逐步递进的，因此，它能够不断调动学生求解的热情，始终牵引着学生的思考。思想政治理论课教师在实施"问题链教学"过程中要以切合学生日常生活、能够引起思考且与教学内容密切相关的小问题导入，引导学生自觉进入问题情境进行思考，继而依据理论知识的内在逻辑设置衔接紧密、层层递进的系列问题，沿着这些问题循循善诱，以问题串链接知识串，把道理讲清楚讲透彻，带领学生拨开思想迷雾、破除思想障碍，步入思想观念的"澄明之境"。

第三节　新时代高校思想政治理论课"以学生为中心"的教学模式

新时代高校思想政治理论课教学要把党的理论创新成果充实到课堂教学之中，要结合学生的认知特点，以学生为中心进行教学模式改革创新。这种教学模式有助于提高思政课的教学效果。

一、"以学生为中心"教学模式的内涵

PBL教学法是一种以问题为导向、以学生为中心的教学方法,其特征之一就是以学生为中心。进入21世纪以来,"以学生为中心(student-centered)"日益被视为我国教育教学改革的主导理念。"以学生为中心"教学模式的核心是以学生为中心,以学习为根本。在教学中,学生是学习的主体,教师是学习的组织者和指导者。教师通过合理设计教学内容、使用教学方式及富有启发的引导激发学生学习的兴趣和热情,发挥学生学习的主动性,从而提高学生的学习质量,使学生在知识、能力和素质上获得全面提升。

"以学生为中心"的理论基础。心理学理论是"以学生为中心"教育理念的重要学理基础。如人本主义理论、建构主义理论和发现学习教育理论等。人本主义者强调自主意识,即人有自我创造、自我发展、自我责任等心理品质和人格特征,运用到教学中就是关注学生的情感和动机发展规律。人本主义核心理念是人是完全可以通过自己的努力来解决在现实生活中遇到的问题,倡导学生作为学习者是有学习能力的,对于学习是怀着热烈而渴望的心情,教师所需要做的是为学生创建良好的真实的学习环境,从而激发学生的学习兴趣。强调学生学习的启发性,激发学生主动了解自己想要学什么,如何通过自己的尝试去学;皮亚杰的"建构主义"学习理论为"以学生为中心"的教学理念奠定了重要的理论基础。建构的过程就是探索的过程、发现的过程,建构主义者强调学生对知识的主动建构,特别是对所学知识的建构;美国学者布鲁纳在20世纪提出的发现学习教育理论,他强调学生在学习过程中的意向和目标是教学的重点关注内容。言外之意要让学生把教学的过程变成主动学习的过程,这样就必须要求教学者基于学生的兴趣来有针对性地设置问题,激发学生潜在的学习兴趣和动力。

"以学生为中心"教学模式概念的提出。"以学生为中心"的观念源于美国儿童心理学家和教育家杜威,他于1900年在《学校与社会》一书中提出"儿童是太阳"即中心。这是杜威挑战传统教育提出的"以儿童为中心论"的宣言,并迅速引起了教育界的重视,被进一步运用到中学和大学的教学模式中。因而"以学生为中心"的观念最初就是由"以儿童为中心"的观念转换来的。1952年,美国人本主义心理学家卡尔·罗杰斯在

"课堂教育如何影响人的行为"研讨会中提出"以学生为中心"的教育理念。1998年,联合国教科文组织召开的世界高等教育大会中提出"把学生及其需要作为关心的重点"。2011年,华中科技大学校长李培根在《以学生为中心的教育:一个重要的战略转变》中明确提出"以学生为中心"的教育理念。[1] 2012年7月14日,一场为期两天的关于"以学生为中心"的本科教育变革的交流研讨会上,参会的国内外学者纷纷认为,"'以学生为中心'的本科教育变革顺应了国际国内高等教育发展趋势,是提高我国高等教育教学质量的必然选择"[2]。

"以学生为中心"教学模式内涵界定。第一种界定是从教育系统范式类型转变的角度出发,"以学生为中心"是从传统教育"教"的范式向"学"的新范式的转化,是从"老三中心"像"新三中心"的转型。"老三中心"教学模式是以教材、教学、课堂为中心。"新三中心"教学理念包括"以学生发展为中心、以学生学习为中心、以学习效果为中心"[3]。"以学生发展为中心"就是以学生发展状态为基础,教师要本着学生的需要,充分尊重学生,挖掘学生学习潜力,以促进学生发展为目的。"以学生学习为中心"要明确教是手段,学是目的,两者不可倒置。教育的归属是"学"而不是"教"。教师致力于突破教与学的矛盾培养学生自主学习、终身学习的能力和核心素养。"以学习效果为中心"就是要关注学生的学习效率,根据教学目的,科学地评价学生学习质量、课程设计和教学活动,注重学生学习的过程性评价和学习质量的及时反馈,建立科学的学习效果评估体系和完善的考核评价体系。由此,以"学生为中心"的教学模式是以学生发展、学生学习和学习效果为内核,建立目的、行动与效果之间的闭环关系,主要评估学生学了多少,而不是老师教了多少,以培养学生的终身学习能力和核心素养为目标,强调自我学习在自我发展中的意义。[4]

第二种界定是从教学内容的角度出发,"以学生为中心"教学模式强

---

[1] 李培根. 以学生为中心的教育:一个重要的战略转变 [J]. 中国高等教育, 2011 (13): 8.
[2] 吴绍芬. 实践以学生为中心 提升本科教学质量:"'以学生为中心'的本科教育变革"国际学术研讨会综述 [J]. 中国高等教育, 2012 (Z3): 50.
[3] 赵炬明. 论新三中心:概念与历史:美国 SC 本科教学改革研究之一 [J]. 高等工程教育, 2016 (3): 35.
[4] 孙桂林. "以学生为中心"的高校思政理论课教学设计:以"马克思主义基本原理概论"为例 [J]. 西部素质教育, 2019 (23): 23.

调学生学习的主动意识的发挥，教学的目的和手段发生转变，即从"教"转为"学"，"教"成了手段，而"学"是目的，是任务。师生之间的传统层级关系虽然破裂，但是这并不意味着师生之间角色、地位的转变，而是与教学模式相关的教学要素、教学方式方法的革新与转变。孔子"因材施教"的思想实际上就体现了"以学生为中心"的教学要求。"以学生为中心"的教学模式的内涵是从"教师将知识传授给学生"向"让学生自己去发现和创造知识"转变，是指"教学理念、管理理念、服务理念的转变，教学方法、评价手段等方面切实予以转变"[①]。只要是能达到教育目的的教学方法、有利于学生自主学习的方法就是服务于"以学生为中心"教学模式的好方法。

第三种界定是从要素的角度出发，从"以学生为中心"的知识观、学习观、教育观作为主要观点进行阐述。"以学生为中心"的知识观不同于"以知识为中心"的知识观，前者认为知识的传授不是固定的、纯粹的，不是问题和知识的最终答案，会随人们的认识发展规律不断改写和变革所拥有的知识。后者的教学目的就是将人类累积的知识准确传授给学生。从知识观出发，"以学生为中心"更加重视学生个体的认识发展规律，能够科学对待时代和环境的干预，以学生自主形成的经验和方式构成不断变化的知识储备、思维方式。"以学生为中心"的学习观强调学习者自身提出对问题、知识的解释，是主动构建学习的过程，在已有的知识基础上，运用自身经验对外界纷繁复杂的信息进行加工，进一步获得新的知识。这些"新知"是不能为教师所教，只能是学生自主提取的知识。学生学习的任务不在于使得人们继承对原有事物已有的认识，而是要形成个体对事物的看法、观点。"以学生为中心"的教育观认为，"教育的主要目的与任务应当帮助学生完成知识的意义建构，而不是知识内容的传承"[②]。

二、"以学生为中心"教学模式的意义

习近平总书记在学校思想政治理论课教师座谈会上强调："思政课教学离不开教师的主导，同时要坚持以学生为中心，加大对学生的认知规律

---

① 刘献君. 论"以学生为中心"[J]. 高等教育研究，2012（8）：3.
② 贾剑方. 以学生为中心教育理念的形成与体现[J]. 社科纵横，2008（7）：154.

和接受特点的研究,发挥学生主体性作用。"① 高校思政课教师在授课过程中要善于把握青年学生思维活跃这个客观实际,挖掘学生的智慧和潜能。坚持"以学生为中心"既是教学理念也是教学方法,有利于尊重学生的主体地位,发挥思政课教学过程中两方面的能动性,注重增强学生提出问题的能力,让学生参与课堂、教师参与学生讨论,进而有助于形成和谐的新型师生关系,增强思政课的亲和力和针对性。

1. 有利于尊重学生的主体地位,发挥教学双方的主观能动性

课堂是学生学习知识和充分表达自我的平台,必须要让学生把思想讲出来。"讲故事,不仅老师讲,而且要组织学生自己讲。"② 高校思政课教学的展开过程是以学生为中心的,所有的教学环节和要素都需要围绕学生彰显价值,学生是一切教学活动的出发点和落脚点,坚持"以学生为中心"就是要充分尊重学生在思政课堂中的主体地位,坚持做到以学生为本位。不能把思政课堂变成教师的"独角戏",否则只会使教学内容进不了学生的内心,解决不了学生的疑惑,更不能说服人。传统的思政课教学中,教师是以知识权威和教学过程的控制者的身份而出现的,更加偏重于对学生进行知识的单向度灌输,实行的是"填鸭式""一言堂"教育,学生作为被动接受者,在思政课上的主体地位没有得到充分体现和重视,学生学习的主观能动性没有得到充分发挥,致使教育效果不突出。坚持"以学生为中心"的教学模式有利于突显学生的主体作用,让学生在课堂上敢于表达自己的观点,把教师的主导作用和学生的主体作用相结合,增强学生的学习主动性,逐步达到教师、学生个体和学生群体之间交流协作,实现多维度相互促进的课堂局面。教师在与学生的互动引导过程中,可以全方位了解学生的思想动态和学习情况,反过来可以改进教师的课程设计,师生共同学习,有利于在学生和教师之间形成良性的教学过程。

2. 有利于培养学生问题意识,提高学生参与度

坚持以学生为中心的新型教学模式,有利于增强学生提出问题的能力,激发学生学习兴趣,鼓励学生充分参与到课堂中。思政课教学属于教育的范畴,而教育本身就是对"问题"的释疑解惑,"问题"是教育过程中的首要步骤,是形成人类知识和思想的重要推动力量。如果没有问题作

---

① 习近平. 思政课是落实立德树人根本任务的关键课程[M]. 北京:人民出版社,2020:21.
② 同①:23.

为前进的牵引力，那么就不会有分析问题和解决问题的思想和方法，就不会碰撞出思想的火花和积淀深厚的知识，教育的传道授业解惑就无法实现。坚持"以学生为中心"，就在于帮助和引导学生提出问题、剖析问题、处理问题，以问题意识为导向，让学生在处理问题的过程中锻炼思维能力，学会思考判断，抽丝剥茧，不停留于事情的表象，而是透过表象抓住事物的本质和内在规律。教师在授课过程中将课堂的主动性给予学生，让学生带着问题参与到思政课堂中，可以通过分组讨论、课堂主题讲演、经典案例分析等方式，使得学生在课堂上的主体地位得以充分发挥，之后教师在学生独立思考的基础上进行总结升华，指出学生需要改进的地方，同时耐心专业地解答学生未解决的问题，在这一过程中也使得教师主导作用得以彰显。思政课教学坚持"以学生为中心"，善于把问题抛出来以激励学生学会求索知识，问题本身就是学生深度思考和感知的对象，有利于激发学生学习的兴趣和创新思维的内在活力。思政课上如果缺少问题的设置过程，只是单一的知识灌输便很难推动学生有认知的冲动性和思维的创造性，学生在课堂的学习也会浮于表面和形式。因此，坚持"以学生为中心"，有利于调动和提高学生思考问题的本领，使学生在对问题的分析和解决过程中不断获取知识、启迪心智。

3. 有利于形成和谐的新型师生关系

师生关系是教育教学环节的重要影响因素，师生关系的优良与否直接关系到整个教学过程的质量优劣。现代教育更加强调和重视把学生当作课堂的中心和主体，教师和学生在人格上是平等的，在课堂交流中充分尊重学生的观点和想法，二者相处的氛围是十分和谐融洽的。坚持"以学生为中心"与传统单一的教学方式是迥然不同的，"以学生为中心"使教学过程聚焦于学生对于知识的渴求，重视学生对于知识的接受能力，以及看到学生的兴趣爱好和个性差异，在课堂上讲授一些学生感兴趣的热点问题，吸引学生的注意力，同时在教师的带领和分析下帮助学生正确看待事件，从而提高学生辨别是非的能力，使学生树立正确的世界观、人生观和价值观，教师和学生之间良性互动关系得以强化，教师不仅是学生学习知识的传授者，更是学生学会为人处世的引路人，亦师亦友，进而有助于形成和谐的新型师生关系。坚持"以学生为中心"的教学模式，将教师和学生置于民主的氛围中，围绕教学目标和教学内容充分发挥学生的主体性，让学生和学生之间、学生和教师之间充分讨论互动，"不愤不启，不悱不发"，启发式教学方法更会促使学生善于发问、善于思考,提高学生的逻辑思维能力。在与学生的互动中,教师也可以不断发现学生的闪光点和各方面的优秀能力,使得教师树立正确的学生观,教师在帮助学生解答疑惑、传导正确价值观念时,学生对教师的敬意也会油然而生。这种学生和教师之间的双向互动,不仅形成和谐融洽、相互促进的师生关系,而且也增强了教学效果。

4. 有利于提升思政课的亲和力和针对性

思政课是对大学生进行思想政治教育的主要渠道,坚持"以学生为中心"有助于提升思政课的亲和力和针对性,落实立德树人的根本目标,增强学生对思政课的亲近感和认同感,从而有助于提升思政课的思想性,即坚定学生的政治立场和方向;有助于提升思政课的理论性,即思政课用什么理论和如何用理论培养人的问题。习近平总书记强调:"办好思想政治理论课关键在教师,关键在发挥教师的积极性、主动性、创造性。"① 教师在坚持把学生放到中心位置的同时,就意味着教学设计和教学目标要围绕学生展开,一切都致力于让学生在思政课堂上学习最新的理论知识,并将其付诸实践。因此,在以学生为中心理念的推动下,教师首先要学懂弄通习近平新时代中国特色社会主义思想,才能更好地把最新的理论成果讲授给学生。教师其次要善于讲道理,并且要把道理讲深、讲透、讲活。"以学生为中心"就是采用学生听得懂的话把道理深入浅出地表述出来,语言尽可能形象生动、通俗易懂、说理透彻,善于用小故事来讲大道理,用教学语言的魅力深深吸引学生,有利于拉近教师和学生的距离。"以学生为中心"有利于思政课更加具有针对性,专注于学生的成长成才,引导学生扣好人生"第一粒扣子",课程设计关照学生学习生活实际,关心和了解学生的感受,引领学生理解并积极主动地接受和认同思政课。习近平总书记强调:"无论组合拳怎么打,最终要落到把思政课讲得更有亲和力和感染力、更有针对性和实效性上来。"② 新时代做好学生思想政治教育工作,坚持"以学生为中心",紧密结合学生的学情,有助于提升思政课的"温度"和"人情味",关注学生的需求,凝聚正确共识,使得抽象的知识体系具象化、可视化,增强思政课的针对性。

---

① 习近平. 思政课是落实立德树人根本任务的关键课程[M]. 北京:人民出版社,2020:25.
② 同①:23.

三、高校思想政治理论课"以学生为中心"教学模式的特征与原则

高校思政课"以学生为中心"教学模式顺应了高校思想政治理论课教学的时代诉求,其从产生到实践的模式已经基本实现系统化。高校思政课"以学生为中心"教学模式的特征与原则内容丰富,特色鲜明,是对"以学生为中心"教学模式内涵与意义的进一步把握。

1. 高校思政课"以学生为中心"教学模式的特征

第一,关注学生的主体性。教师是教学中的主导,学生是教学中的主体。"以学生为中心"的教学模式培育学生的思考问题意识,增强学生的主体地位意识。一方面,学生思维具有主体性。在教学过程中,教师是组织者、激发者、引导者,开拓学生的思维能力。教师更像"园丁",培育着学生自我思考、自我探索、自我发展的意识和能力,而不是像"雕塑家"那样,按照自己的需要和想象去塑造学生。教师在鼓励学生勇敢去"思"的同时,还要大力支持学生在理性分析的基础上合理怀疑,重视和保护学生独立自主意识和批评精神,通过学生互动进一步思考与探讨。教师在积极引导学生发现问题、思考问题的过程中,不断提高课程的吸引力和教育力,营造出主动参与、自由讨论的热闹的课堂氛围。另一方面,学生行动具有主体性。通过教师的指引,对学生自主建构的帮助和促进,能够使得学生在行动上更加积极主动。学生逐渐意识到教材不是学生唯一的学习内容和知识来源,而是可以从多种学习对象(包括本门课程的教师、同学以及社会上的有关专家)和多种教学资源(例如学科专题网站、资源库、光盘以及图书馆、资料室等)学习与教材相关但比教材丰富得多的内容,并获取远远超出教师讲授范围的大量知识。这是"以学生为中心"教学模式的实践方向。

第二,关注教学过程中的互动性。在"以学生为中心"的教学模式中,教师更加关注课堂的互动性,教学的重点也逐渐从教师主讲转变为与大学生的双向交流。教师与学生的互动能够不断增强教学的针对性和有效性,启迪学生的心智。教师针对思政课的重点和难点内容,选取适当的案例和相关基本理论知识,在互动中灵活运用案例教学法和讨论法,能够让学生参与到课堂学习中来,活跃课堂气氛并获得较好的教学效果。同时,

互动交流能够充分体现学生的主体意识，令其养成事先钻研教材—搜索资料—提出见解的良好学习习惯。

第三，关注学生的心理特性。大学生由于身心发展没有完全成熟，也会存在"逆反心理"，而"一哄而上""一哄而散"的现象也极有可能发生。高校思政课的教学目的是使大学生接受正确的理论观点，培养"四有"社会主义青年。教师通过正确的价值观引领学生形成正确的价值判断，帮助学生在社会化阶段中，不断认识世界，认识社会，认识人生。这一过程的主体必然是学生，也只有学生愿意进行自我思考才能实现，这其中包含了心理因素。"以学生为中心"的教学模式在价值观上致力于提升学生的思想境界、道德水平以及世界观、人生观、价值观的正确树立，要求教师在从事教学活动时，要将思政课内容与学生的人生追求和需要结合起来，而不是一味地"灌输式"教学，这可以在很大程度上调动学生学习的积极性和主动性，从而不断将学生从"逆反心理"阶段及时扭转过来。

2. 高校思政课"以学生为中心"教学模式的原则

第一，价值性与知识性相统一的原则。这一原则强调教师在教学中要以能力为本位，同时兼顾情感价值的宗旨。价值性与知识性在教学活动中不可分割，教学过程本质上就是上一代人把自己认为有价值的知识传递给下一代的社会实践活动，教育活动中所使用的知识材料，都是经过一代又一代教育工作者反复精心挑选的，带有教育者主观的痕迹。在高校思政课"以学生为中心"的教学模式之下，一方面，高校思政课是具有鲜明价值性的课程。高校思政课的设置本身就是服务于社会主义社会，符合社会主义大学的本质要求，是每个学生的必修课和帮助学生树立正确世界观、人生观和价值观的重要途径。新时代高校思政课更是体现立德树人根本任务的关键课程，有利于引导学生增强"四个自信"，厚植爱国主义情怀，自觉投身坚持和发展中国特色社会主义，肩负伟大复兴使命和擘画现代化强国蓝图。另一方面，高校思政课程具有知识性。知识性是由高校思政课的最核心的内容决定的。即其核心内容为马克思主义科学理论，具有无法替代的正确性、知识性和科学性。作为专门的课程，马克思主义科学理论通过马克思主义理论学科的系统化、体系化、专门化，形成了一系列内容具有整体性和专门知识的学科体系、教学体系和话语体系，为思政课教学发展提供了深厚的学科支撑，提升了思想政治理论课思想性、理论性和知识性。

第二，主导性与主体性相统一的原则。这一原则是保障思政课实现政治性与理论性相结合的重要基础。思政课教学离不开教师的主导，教师是"引路人"，也是"催化剂"。大部分基础知识都是教师引导学生学习的，即教师侧重强调"教相对于学"的逻辑优先性，这对教师的业务能力和教学水平都是很大的考验。同时，要加大对学生的认知规律和接受特点的研究，以推进思政课建设不断深入。学生主体则强调"学相对于教"的价值优先性，是实现教学目标自主学习模式的具体实践，学生能够在教学活动中掌握自己的学习情况。教师的主导作用和学生的主体作用不是互相排斥的，两者是辩证统一关系。不能因为要发挥教师的主导作用，学生就只能被动地接受教育；也不能说要发挥学生的主体作用，教师只能围着学生转。教学过程应当是一个思想双向流动的过程，教师与学生之间应当建立稳固的呼应关系。

第三，理论与实践相统一的原则。高校思政课程"以学生为中心"教学模式所讲授的内容紧密结合时代特征，通过联系改革开放和现代化建设实际，贴近社会、贴近时代、贴近大学生思想、生活实际和学习实际。思政课教学帮助大学生领悟理论真谛、启发理性思考，同时，深刻引导大学生理性看待重大现实问题，不断培养大学生分析问题和解决问题的能力，满足学生发展需求。高校思政课具有知识性、理论性、思想性，而落脚点在于实践。在实践形式上，"以学生为中心"的教学模式结合青年学生思想行为变化的特点和规律，用其喜闻乐见的方式开展实践教学，让实践不仅仅局限于校园，更要走入社会，走入基层和社区。教师通过让学生运用所学知识参与调研，丰富实践经历，引导大学生树立实践意识，进而服务社会、奉献社会。

第四，封闭式评价与开放式考核相统一的原则。学生的学习是一个循序渐进的过程，兼顾阶段性和动态性。在一定的学习阶段内，教师对学生的评价应当是封闭式的，对学生回答问题明确予以肯定或否定的评价。一方面，在日常的学习生活中，教师与学生的互动大多是提出与回答封闭式问题，这些问题适宜大多数学生的认知层次，是较为直接的、低层次的、聚合的，且使用频率较高。在最终的考试或者考核中也是以封闭式题目作为主要的考核题目，由此来评价学生对高校思政课基础知识的掌握。另一方面，学生的认知和思想意识是会随思政课的推进而发生变化，是动态的、灵活的。因而，仅仅封闭式的评价没有办法正确界定学生的学习效果，需要设立一定的开放性问题，即间接的、高层次的、发散的、开放的问题，以及时掌握学生的思维发展状态。封闭式评价和开放式考核是辩证统一的关系，学生只有经历封闭式训练获得知识储备和课程基础以后才能更灵活地应对开放性考核，同时在封闭式训练中要不时地穿插开放式问题，及时训练学生思维，二者缺一不可。

四、新时代高校思想政治理论课"以学生为中心"教学模式的实现策略

杜威曾说："如果我们用昨天的方式教今天的学生，我们就剥夺了他们的明天。"教无定法，但是教要得法，选择合适的教学模式并探索新的教学方法，对于提高教学效果具有重要的意义。新时代高校思政课确立"以学生为中心"的教学模式，与此相适应就要确立"学生全面发展"的教学观念，坚持教师主导和学生主体相结合，课堂由"教"向"学"的转变，在掌握学情基础上表达契合学生需要的教学内容以及建立"以学生为中心"的教学质量评价机制。

1. 确立"学生全面发展"的教学观念

习近平总书记在全国教育大会上的重要讲话中强调，要"培养德智体美劳全面发展的社会主义建设者和接班人"[①]。这是党和国家赋予教育事业的根本任务，是党的教育方针的重要内容。学生的学习不仅仅限制在课堂教学中，学校对于学生的影响也是全方位的，渗透在各个教育教学的环节中。当今时代，我们正处于"两个大局"相互交织的大环境下，正在向着第二个百年奋斗目标进军，因而国家对于高素质人才的要求也在不断提高，树立学生全面发展的教学观念已经成为学校教书育人的重要组成部分。打造"以学生为中心"的课堂教学模式，必须明确教书育人的目标，促进学生全面健康发展，在教育教学中教师要注重把握教育发展规律和人才成长规律，强化全面综合发展理念。高校要针对不同年级、不同专业学生的思维特点、认知规律和现实需求，转变育人方式和办学模式，将办学治校的重点放到促进学生全面发展上来。要不断提高教师综合素质，教育引导广大教师不断增强传道授业解惑本领，更好地担负起引导学生全面发

---

① 教育部课题组. 深入学习习近平关于教育的重要论述［M］. 北京：人民出版社，2019：81.

展的责任。

2. 坚持教师主导和学生主体相结合

思政课教学离不开教师的主导,但同时也需要加大对学生已有认知程度和学科背景的研究,实施主体间性教学,落实以学生为中心的教学理念。要想达到优质地把学生放到中心位置并循序渐进开展课堂教学实践活动,就必须坚持教师主导和学生主体相结合,坚持教师和学生协作的原则,尤其是教师要融入学生的学习过程,帮助学生参与整个课堂活动,成为其中的一分子,与学生共同合作,共创佳绩。学生作为"以学生为中心"课堂教学的主体,其自觉性和主动性要贯穿于课堂活动的始终,离开了学生的积极能动性,教师也无法深入地参与其中,学生和教师的教学相长也就会沦为一纸空谈。因此,学生的主体角色和教师的主导角色都非常重要,这二者之间并不是独立存在,而是紧密相连、不可分割的,从而能够在"以学生为中心"的课堂中达成默契和呼应,才能帮助学生形成自己的自主学习思考的格局,也能满足教师对学生在课堂学习中的期望,让课堂的教育效果更加显著,课堂氛围也会更加和谐。教师的主导和学生的主体双重合奏,使得学生在课堂中发挥了主动性,提高了教学效果。

3. 课堂由"教"向"学"的转变

传统的思政课教学只注重教师的"说教",而忽视了学生主观方面的"学习"积极性,不可避免地将"教"与"学"拆分开。落实"以学生为中心"是对教育本质的深刻认识,是教育思想观念的一次新发展,是从以"教"为中心向以"学"为中心的一次转变。新时代思政课的开展要做到以学生为中心,就必须实现课堂由"教"向"学"的转变,坚持将"教"与"学"紧密融合在一起,挣脱"教"与"学"相分离的状态。"教"意味着教师要将知识以学生听得懂的话传递给学生,"学"意味着教师要教会学生如何去自主学习并提出问题。思政课教学要做到这一点,需要从两个方面来调整,一是思政课程设置的教学内容,二是教学方法。在教学内容方面,不能使安排的内容过于冗长,应当抓住主要矛盾,提及重点内容,让学生深入分析,掌握其中的深层次内涵,为自主学习奠定理论知识基础;在教学方法的确定方面,一定不能脱离教学目标和大纲,在教学目标的基础上实施从"教"向"学"的转变,比如教师要重点组织学生开展课堂活动,注重开发学生的潜能,并指导其独立思考问题,寻求解决问题的方法,创设问题情境,追根溯源,帮助学生理解知识。

4. 在掌握学情基础上表达契合学生需要的教学内容

在新时代的教育背景下，学校需要重视学生各方面能力的提升，但这一切并不是针对所有学生采用同样一种教学方案，而是要充分了解学生的基本情况，努力做到因材施教，让不同水平的学生都能在课堂上展现自我，取得进步，超越自己。构建"以学生为中心"的课堂教学，教师就必须注重收集整理学生的学习情况，包括课堂表现、学习进度、学习态度等，之后教师要根据这些基本学习情况来制定有针对性的教学方案，根据学生的知识认知程度、个性差异、兴趣爱好等分门别类地来组织学生开展课堂教学，以最适合他们的学习方式和他们可接受的知识量安排课程内容和课程进度，从而激发学生自主参与课堂活动的兴趣。因此，熟悉学生的基本学习情况是坚持以学生为中心课堂教学实践活动的准备环节。掌握学情是第一步，接下来就需要尽可能阐述契合学生全面发展和成长成才需要的内容。在具体的、传统的课堂活动中，教师的授课内容往往是根据自身的所思所想和人生经历来表达，难免和学生的思想不相契合，这是由于教师和学生认知不同步所导致的，因此，教师在表达的话语内容方面要多从学生的角度出发，多为学生考虑，关注学生的内在情感和成长需要，力图通过这些学生感兴趣的内容来启迪和开导学生，让学生从中受到启发，促进学生进步，切实地让学生成为课堂的主人。

5. 建立"以学生为中心"的教学质量评价机制

坚持"以学生为中心"的教学理念，就必须推动建立"以学生为中心"的教学质量评价机制，应该时刻关注学生全过程的成长之路，重视参考学生在课堂上学习效果的评价，引导学生积极参与课堂教学质量评价管理，真正体现学生在质量保障中的核心角色，需要从以下几个方面着手。其一，学生的学习效果是评价的重点。"以学生为中心"不仅仅是让学生去评教，而更多的是以学生为主体、以学生的学习效果作为教学评价的核心。教师的教学评价结果需要通过教育对象、教学目的、教学环节来体现，看这些过程是否服务于学生的成长成才和理想信念。其二，学生的参与度是评价的重要内容。学生群体思维活跃，是思想政治教育的教育对象和积极主动的参与者，学生在课堂上的参与程度和深度直接影响着教学效果，因此，离开学生在教学过程中的参与而进行思政课的评价机制注定是没有说服力的。其三，评价反馈要求多元化。思政课的教学目标和其他专业课的教学目标是有区别的，思政课不仅要向学生阐释最新的理论成果，而且还肩负着立德树人的使命重任,传授知识的同时引导学生走正确的人生奋斗路。基于此,我们在重视思政课校园评价、课堂分数评价的同时还应该重视收集社会评价、日常生活评价,学生在日常生活的社会实践中流露出来的道德素养、行为习惯等都应该纳入评价体系,有利于思政课教学的针对性、聚焦性,一切紧紧围绕培养学生核心素养而展开,了解学生的学习体验,以学生视角进行评价和收集信息,反过来改进思政课教学管理工作,进而真正落实"以学生为中心"的教学模式,提高思政课办学质量。

高校思想政治理论课"以学生为中心"的教学模式不仅有助于激发学生学习的热情和积极性,提升学生自主学习、解决问题和团队协作的能力,更有助于提升教师教学能力和自我反思能力,促进教师专业成长,切实符合思想政治理论课的立德树人要求,对于建立新型师生关系、构建民主和谐课堂、提升课堂教学效果有重要意义。

总之,高校思想政治理论课教学坚持"以学生为中心"、坚持问题导向的教学模式有助于建构知识体系、强化思想引导、塑造正确价值观,帮助学生在师生问与答的相互作用中、思想观念的互动交锋中走出思想认识误区,促进教材体系向教学体系、教学体系向学生认知及信仰体系转化的有益探索和生动实践。思想政治理论课教师作为讲好思想政治理论课的第一责任人要树立问题意识,以问题为导向,以学生为中心,强化理论武装,修炼教学艺术,把马克思主义的道理讲深、讲透、讲活,使其牢牢扎根于学生心中,在实践中绽放出绚丽的光芒。

第五章　坚持系统思维推进新时代高校思想政治理论课改革创新

习近平总书记在学校思想政治理论课教师座谈会上指出："学校思想政治工作不是单纯一条线的工作，而应该是全方位的。"① 习近平总书记这一论述告诉我们，要以系统思维统筹推进思想政治理论课的发展。"系统思维就是运用系统概念来认识对象、整理思想的思维方式。"② 运用系统思维方式观察、分析和解决问题，可以更全面地、动态地把握影响系统的内外部因素，从而促进系统内部要素的协同配合，推动系统与环境的良性互动。新时代高校思想政治理论课改革创新是一项系统工程，习近平关于思想政治理论课协同性要求的论述为我们打造协同育人格局提供了理论支撑与方向指引，对于新时代高校思想政治理论课改革创新具有重大意义。

第一节　坚持系统思维全面提升新时代高校思想政治理论课教师的能力和素质

思政课教师的素质和能力过硬是提高教学效果的关键。2019年3月18日，习近平总书记主持召开了学校思想政治理论课教师座谈会，对思政课教师提出了殷切期望。思政课教师要按照习近平总书记的要求，用心教学，精心育人，用"心"铸造思政课教师的"为师之道"，担当应有的责任，做一名能力和素质全面过硬的思政课教师③。

---

① 习近平. 思政课是落实立德树人根本任务的关键课程[J]. 求是，2020（17）：16.
② 苗东升. 论系统思维（一）：把对象作为系统来识物想事[J]. 系统辩证学学报，2004（3）：3.
③ 秦书生，吕恩波，杨馥宁. 论新时代思政课教师能力和素质要全面过硬[J]. 品位·经典，2022（12）：125.

一、提升政治素养：具有坚定的政治信仰

思政课教师必须具有坚定的政治信仰，做马克思主义的坚定信仰者。思政课教师具有坚定的政治信仰是推进我国教育现代化和建设教育强国的根本要求，是办好人民满意教育的应有之义，是培养担当民族复兴大任时代新人的重要保障。习近平总书记对思政课教师提出的"六个要求"中"政治要强"是放在首位的，他强调说："要让有信仰的人讲信仰。对马克思主义的信仰，对社会主义和共产主义的信念，只有首先在思政课教师心中扎下根，才能在学生心中开花结果。"① 习近平总书记这一论断指明思政课教师必须具备过硬的政治素质。讲信仰的人首先要有坚定的信仰，信仰不是一种关于外部客体的纯粹认识现象，而是内在地包含主体的人格成分。只有讲信仰的人有信仰，才能使信仰人格化，从抽象道理变成具体可感的形象，使信仰更有亲和力和吸引力②。马克思主义是经过党和人民革命、建设、改革实践证明了的始终处在意识形态指导地位的科学理论体系。在马克思主义的指导下，党带领人民百折不挠取得了新民主主义革命的胜利，独立自主探索建设社会主义并取得了伟大成就，解放思想进行改革开放和社会主义现代化建设的伟大实践，守正创新促进新时代中国特色社会主义续写新辉煌。党的十九届四中全会更是第一次把马克思主义在意识形态领域的指导地位作为一项根本制度明确提出来，并进行了全面部署。思政课是具有鲜明政治立场和意识形态属性，体现马克思主义在高校意识形态领域指导地位的课程。马克思主义理论水平是思政课教师最本真、最纯粹的政治底色，作为思政课教师必然要坚定对马克思主义的信仰，信仰要牢、信念要强、信心要足，如此，在讲信仰时才能做到正气充盈，使信仰人格化，体现出强大的感染力。思政课教师要坚持以马克思主义为指导，把马克思主义作为政治灵魂和精神支柱。当然，必须指出的是，这里所说的不单单是让思政课教师做马克思主义的信仰者，而是"坚定"信仰者。

思政课教师必须具有坚定的政治担当。坚定的政治担当是思政课教师

---

① 习近平. 思政课是落实立德树人根本任务的关键课程［J］. 求是，2020（17）：10.
② 刘建军. 让有信仰的人讲信仰：深入学习《习近平谈治国理政》第三卷［N］. 光明日报，2020-08-13（3）.

坚信和践行马克思主义信仰、共产主义远大理想、中国特色社会主义共同理想的试金石①。有政治担当要求思政课教师有坚韧不拔、铸魂育人的政治品格，有为党育人、为国育才的政治责任感，有知重负重、攻坚克难的政治使命感。

二、加强专业基础：具有广博的知识储备

第一，思政课教师必须有扎实的政治理论功底，做马克思主义的终身学习者。"政治上的坚定来源于理论上的清醒，思政课的成效来自理论的说服力。"② 思政课教师承担着传授哲学社会科学知识，特别是马克思主义及其中国化的理论、党和国家的大政方针政策，帮助学生塑造正确的三观、树立远大理想信念，使学生坚定对马克思主义的信仰，并将所学理论应用于生活实践的重要任务。因此，思政课教师要想讲好思政课，就不能把眼光局限于教材，还应该加强知识储备，有扎实的政治理论功底。马克思主义经典著作中蕴含着马克思主义的立场观点方法，思政课教师应当"把读马克思主义经典、悟马克思主义原理当作一种生活习惯、当作一种精神追求"③。马克思主义是与时俱进的，随着时代的发展，马克思主义不断发展，思政课教师应当关注时政热点，对前沿问题有敏锐性，及时学习最新理论成果。深入学习习近平新时代中国特色社会主义思想这一当代中国马克思主义、21世纪马克思主义，并将这一新思想融入课堂教学，渗透到学生头脑当中。

第二，思政课教师必须有广博的知识储备。思政课教师是学生成人成才的引路人、指明灯，既要教给学生知识，还要对学生进行价值引导。思政课教师要有学贯中西、贯通古今的知识储备，不仅需要熟练掌握思想政治理论知识，也要广泛涉猎其他类型知识，上知天文下知地理，打造扎实的知识功底，在教学中能够做到触类旁通。教师广阔的知识视野、远大的理想格局会直接影响学生思想的形成。思政课教师面对全体学生，而学生学习的专业不同，这就需要思政课教师从整体上把握知识体系，提升综合性系统思维能力。以思政课内容为基础进一步涉猎更加广泛的知识领域，

---

① 王树荫. 高校思政课教师"政治要强"[J]. 中国高校社会科学，2019（3）：14.
② 同①.
③ 习近平. 在纪念马克思诞辰200周年大会上的讲话[N]. 人民日报，2018-05-05（2）.

将思政课的各个基础性内容融会贯通到各个专业的不同领域，以更加通俗的语言、更加生动的形式、更加独特的方法吸引学生，使其更有效地理解和吸收知识。同时，思政课教师不仅要传授给学生理论性知识，也要启迪学生智慧，引导学生进行独立思考，将所学知识付诸实践。

三、深化教学改革：具有过硬的教学能力

第一，思政课教师要用正确且符合时代要求的思想指导教学，必须更新教学内容，把马克思主义中国化理论最新成果融入教学。思政课的教学内容涉及经济、政治、文化、哲学、道德、法律等方面，这些知识有着严密的逻辑体系和丰富的内容，并且包含着很强的国家意志和时代特色。思政课教师必须与时俱进，紧跟时代步伐，及时更新教学内容，确保教学内容的前沿性，让学生了解社会、接触社会，认同社会主流价值观念、思想意识和生活方式，使学生能够适应社会，掌握解决问题的方法。思政课教师要把马克思主义中国化最新理论成果融入教学内容，并引入本学科发展的新理论和新思想，用马克思主义研究、分析社会发展的新形势、新情况、新问题，解答热点问题。通过更新教学内容不断增强思政课的思想性、政治性、学理性。教学内容的选择要基于教材内容，同时面向学生的生活，选择学生关注的、感兴趣的话题，要符合学生的年龄、认知水平、认知规律，并且要合理安排，把握教学重点，突出教学难点，体现教学内容的针对性。

第二，思政课教师要创新教学方法，采取多样化教学方法，把若干教学方法优化组合、综合运用。思想政治教育不是教育者把知识机械地灌输到受教育者头脑中的活动，而是要培养全面发展的人的有目的、有计划、有组织的社会实践活动。随着现代科学技术的迅速发展和我国社会的全面进步，理论、时代的发展，流于空洞的说教、现象的罗列和人云亦云的老生常谈的教学方法不再适用，因此，教学方法的创新更为迫切、更为重要。教学方法包括教法和学法，教法和学法的有机综合是教学方法的生命所在。面对不同的教学内容、受教育者、教育环境，思政课教师要采用不同的教学方法。思政课教授的知识具有抽象性，如果教师采用单一的教学方法容易使学生感到疲劳，影响教学效果。由于每种教学方法的特性和作用不同，这就要求思政课教师学会综合运用教学方法。思政课教师创新教学方法，要学会利用网络多媒体，综合使用讲授法、探究法、谈话法、读

书指导法、案例教学法、情境教学法、活动教学法等方法，在教学中做到贴近实际、贴近生活、贴近学生。改变学法即要改变学生被动接受知识、死记硬背的学习方式，注重对学生学习积极性的调动，在教学过程中让学生自己发现问题、提出问题并探索解决问题的方法，突出学生学习的自主探究、合作探究，让学生参与，成为学习的主人，激发学生的主体意识，点燃学生思维的火花。

四、严格要求自己：做到"身正为范"

教师是育人主体。思政课教师要将自律要严的要求内化于心、外化于行。思政课教师可以通过良好的形象、知行合一的优良品质，潜移默化地对学生产生示范效应，提升价值引领能力，增强教书育人效果。

第一，思政课教师要做到学高为师，身正为范。一名合格的思政课教师不仅要有扎实的理论功底、较强的科研能力、高超的教学技术，还要有高尚的道德情操、坚定的政治信仰。思政课教师在用自己的学识授课的同时，更是在用自己的品格育人。思政课教师的一举一动都会潜移默化地对学生产生影响，而且这种影响的持续性和扩散性是无法预估的，这就需要思政课教师严格规范自己的言行举止，做好榜样、做出表率。严于律己，时刻牢记自己的身份，肩负起思政课教师的职责，履行好义务，自己先做到并做好再去要求学生，否则没有任何说服力，学生也会无法信服甚至产生怀疑的情绪，这样反而产生副作用。

第二，思政课教师要做到表里如一，言行合一。思政课教师是理想信念的践行者，是建筑学生灵魂的工程师。思政课教师的责任不仅是在课上传递正能量、教授学生知识、树立正确的政治立场，还要在课下以身作则、注意个人行为，坚决不做当面一套背后一套、课上一套课下一套、线上一套线下一套的"双面人"，坚决反对只做表面功夫唱高调，背地里却将规定纪律责任当作废物的"虚假人"。"每日三省吾身"，要将自律要严落到实处，落细落小，从细节小事出发，反思自己的行为、语言是否有不当之处，以便及时改正提升道德素养。

五、提升思想品德修养：具有高尚的道德人格魅力

思政课教师的人格魅力是增强思政课吸引力、感染力的关键。思政课不仅是传授知识的过程，也是思政课教师人格魅力展现的过程。思政课教师要用人格魅力感染学生、赢得学生，增强思政课教学吸引力。思政课教师把自己的情感意志、性格爱好与知识联系在一起呈现给学生，以人格魅力影响学生。思政课教师只有言传和身教高度统一，才可以使学生在人格塑造中知行统一。思政课教师在课堂上要旁征博引，展现自己的学识广博、专业的严谨笃学，展示马克思主义真理的力量，做到以理服人，用真理的力量感召学生，以深厚的理论功底赢得学生。思政课教师要想讲好思政课，让学生心服口服，理论功底必须深厚。思政课教师要提高理论素养，充分展现人格魅力、学识魅力，提高思政课育人实效性。

第一，思政课教师要有坚定的政治人格、高尚的道德人格、稳定的情感人格。思政课教师必须具备坚定的政治人格，要有牢固的政治信仰、正确的政治立场、过硬的马克思主义理论基础，立足中国特色社会主义，不断加强对党和国家的理论、方针、政策的认识，主动学习党的最新理论成果，并保持高度一致。在教学过程中，学生往往会因为思政课教师展现的人格魅力而喜欢、认可并相信教师传授的知识，让原本没有感受到理论魅力的学生重新感受到理论的魅力，这就使思政课教师成为一本生动形象且活生生的教科书，同时也意味着思政课教师这样一个具有超强榜样力量的形象更应该无时无刻不注重自己的人格品质。因此，这就要求思政课教师做政治践行者，对党和国家忠诚，遵守法律法规，不弄虚作假，不欺瞒隐藏，敢于与邪恶势力做斗争，主动维护国家荣誉、促进民族团结、实现人民幸福。用优秀的政治人格激励学生并形成坚定的理想信念、高尚品格、道德规范。思政课教师要自觉遵守职业道德，以严于律己的个人态度、认真负责的教学态度、爱岗敬业的职业态度、严谨治学的科研态度为学生树立道德品质的楷模。

第二，在工作和生活中，思政课教师要始终严格要求自己，堂堂正正做人，踏踏实实做事，自觉做学生的表率，成为学生喜爱和信赖的良师益友。思政课教师不可因为个人问题将负面情绪带入课堂影响学生正确价值观的形成，要主动克服并摒弃消极的、悲观的、抱怨的、烦躁的不良人格，养成稳定的情感人格，要真诚、阳光、开朗、平和。同时，在学习过

程中，学生的学习程度、接受速度是不同的，思政课教师要有差别有针对性地进行细微的教育，不要因为学习成绩的高低把学生分成三六九等，要平等公平公正地对待每一名学生，做到为每一名学生着想。

第二节 坚持系统思维推进新时代高校思想政治理论课实践教学创新

高校思想政治理论课与其人文社会科学课程相比较而言，其内容更加具有抽象性、学理性，仅靠课堂教学是不够的。思政课教师要精心组织课内实践教学，以课堂讨论、课堂演讲、辩论等方式进行理论学习，在充分调动学生学习积极性的基础上，开展课外实践教学（包括课后原著学习、课程小论文、参观调查等方式），进一步巩固课堂上所学的知识，形成理论教学与实践教学有机结合的教学模式，才能取得良好的教学效果①。

一、充分发挥思想政治理论课教师在实践教学中的主导性作用

在高校思想政治理论课教学过程中，理论教学主要是以高校思想政治理论课教师为主导对基本概念、原理进行系统阐释，通过课堂教学使学生能够把握重点，理解难点，掌握理论逻辑。作为与课堂教学相对应的一种教学方式，实践教学的内涵主要是指课程教学的全过程中贯穿实践教育的思想理念，在课堂内外各个环节，充分调动学生的学习主动性，通过各种方式积极参与到课程教学中。实践教学的内容可以分为课内实践和课外实践。课内实践是指在课堂教学过程中，学生在教师的指导下以演讲、课堂讨论、课堂辩论、观看视频资料等方式进行理论学习；课外实践主要包括学生课后原著阅读、课程小论文、社会调查等方式以及以校园、社会为课堂，实行"走出去"的教学模式，其形式包括调查研究、参观访问、实地考察等。

强化实践教学，在提高高校思想政治理论课教学实效性过程中，思政课教师既是实践教学的组织者、参加者，更是指导者，是实践教学的关键

---

① 秦书生，于洪波，张雷. 在强化实践教学中提高"马克思主义基本原理概论"课教学实效性[J]. 辽宁教育行政学院学报，2014（5）：61.

因素。教师必须具有参与实践教学的自觉性和责任感、深厚的专业知识素养和对课堂的驾驭能力，从实践教学内容的设计、过程引导监控到考核评定都要精心设计、悉心指导，这样才能提高教学效果。

第一，提升思政课教师的实践考察能力是强化实践教学的前提。以往的实践教学，往往强调学生的实践而忽视教师的实践。针对这种情况，应当通过体制机制创新使教师实践教学常态化，即每年组织教师集体考察和学习，不断提升教师的实践能力和指导能力。为了进一步强化实践教学、提高教学实效性，思政课教师每年都可以进行暑期社会考察，到国内有关高校马克思主义学院调研，交流思想及教学方法，注重学科建设和教学模式研究；参观红色革命根据地，增强共产主义理想信念。通过与兄弟院校的交流和互动，使得思政课教师对全国高校思想政治理论课课程建设的总体情况、优势、特点以及存在的问题有更为清晰、具体化的认识；对一些历史文化遗迹的考察，引发了对传统文化继承与发展的思考，并为今后教学提供鲜活的素材；访圣地、充充电、接地气，提高思政课教师了解青年学生、贴近青年学生、服务青年学生的责任意识，深化对党的路线、方针、政策的认识，增强课程教学的新期待和美好愿景。

第二，理论阐释与案例分析相结合，把教材体系转化为教学体系。高校思想政治理论课教材中的基本概念、基本原理，其语言强调规范而不可能追求生动鲜活，加上教材篇幅有限，不可能对每个理论观点都结合具体的事例做到深入浅出的剖析。这就要求思政课教师在课堂上对马克思主义基本概念、基本范畴、基本规律，运用理论语言、严密逻辑进行系统而准确的阐释，使学生初步掌握思想政治理论课的语言特征、理论逻辑和基本内涵。由于这门课的教学内容比较抽象，仅靠理论阐释很难达到教学目的，因此需要案例教学来补充。案例教学可以化抽象为具体、化理性为感性，学生会在一个个案例中进一步理解理论。思政课教师可以用具体的、通俗的、生活化的语言，用案例解读教材中的理论术语，实现教材体系向教学体系转化，使高校思想政治理论课真正做到贴近社会、贴近现实、贴近生活。

理论阐释和案例分析是相互渗透的，从而能有机统一于教学过程。如在进行理论阐释时要注意运用实例来分析，在对材料和案例进行分析时要归纳出理论。在进行案例教学时，不仅教师要精心选择案例，也可以根据教学内容让学生来收集案例，然后在课堂上选择有代表性的案例进行共同分析。理论阐释和案例分析相结合适应当代"90后""00后"大学生自我意识强的特点,既尊重学生接受新知的心理认知过程,体现了学生的课堂主体地位,又能保证教师教学目的的实现,使师生可以进行教学上的良性互动。

二、强化课内实践教学

思政课教师在课堂内通过各种方式调动学生参与教学活动,能够提高教学实效性。

第一,通过有针对性地展开课堂讨论,调动学生课堂参与的积极性。在高校思想政治理论课课堂教学中,思政课教师根据教材内容,有针对性地选取学生关注的社会热点问题,组织开展课堂讨论,能够提高学生学习的积极性。课堂讨论可以在理论阐释中交互进行,多方位创造条件使学生融入教学过程,使学生在提高学习主动性和积极性中达到自我教育的效果。高校思想政治理论课教师要灵活地运用研讨式教学法,发挥学生的主观能动性,让学生在自由自觉探究中深刻领会马克思主义基本原理。采取研讨式的教学方法,既提高学生学习的主动性、积极性,使学生养成理论思维习惯,又帮助学生提高分析问题和解决问题的能力,促进学生养成理论思维习惯,使学生能够从实际出发,利用所学的基本原理客观地分析我国改革开放和现代化建设中出现的一些问题,从而积极引导学生树立正确的政治信仰和世界观。

第二,课堂专题演讲,为学生提供一个展现自我的平台。课堂专题演讲是思政课教师依据高校思想政治理论课相关教学内容,结合学生关心的重点、难点问题,确定若干个专题,通过学生专题演讲进行的一种实践教学方法[①]。课堂专题演讲可分为确定专题、实施、讨论和点评几个步骤。主题的选择最好能结合社会热点,然后根据班级或者专业分成小组,小组成员间相互协作,各司其职。这种形式,对于学生提升演讲能力与技巧是有益的,可以充分调动他们的热情。

第三,课堂辩论,突出学生的主体地位。辩论形式的教学法是适应了新形势下培养创新人才的需要的一种教学方法。辩论的主题一般结合马克

---

① 龚美德."马克思主义基本原理概论"课堂实践教学模式创新探索[J].教育教学论坛,2013(29):43.

思主义基本原理与生活实际、学生思想、社会热点等问题进行选择，如社会发展与个人前途、理想与现实、理智与情感、知识与能力等。高校思政课教师可以在辩论前一周把学生分好组，并确定正方和反方的辩手，其他同学为后援力量，辩论时可以做自由补充发言。学生利用课余时间查阅资料、组织练习，课堂上进行正式的辩论。通过辩论，揭露对方的矛盾，从而得出正确认识，达到了解事实、明辨是非、活化思维、提高运用理论分析问题解决问题的能力的目的。操作时不照搬辩论赛模式，自由辩论由全体同学参与。这种辩论式的教学方法既调动了学生学习的主动性和积极性，又突出大学生在教学过程中的主体地位。

三、重视课外实践教学

课堂时间有限，组织好课外实践教学是提高高校思想政治理论课教学实效性的重要环节。

第一，安排学生课外学原著，课上讲解与课后阅读相结合。在学习完每一章内容之后，作为课堂讲授内容的延伸，思政课教师可以为学生介绍与本章内容相关的经典文献，规定学生在课下必读的文献。把原理讲授与原著阅读结合起来，要求学生课后阅读马克思主义经典著作，写一篇读后感；要求学生写明书名、作者、出版社、书籍来源、选择原因、阅读方式、主要内容、印象最深的话、感想与评价。如《1844年经济学哲学手稿》《关于费尔巴哈的提纲》《德意志意识形态》《共产党宣言》《资本论》等，并将自己阅读的体会和感想记录下来。

思政课教师可以利用课下学时解答学生阅读原著过程中遇到的问题，使学生对原著有进一步的理解，加深对马克思主义理论体系的认识，增强分辨马克思主义与非马克思主义的能力，进而得到学生的认同，且能收到很好的效果。

第二，理论联系实际，布置课后作业，运用相关原理分析实际问题。思政课教师可以结合教材中的一些重要原理，联系当今热点问题，让学生将理论与实际联系起来完成作业，写一篇小短文。要求写清所运用的基本原理、原理与所要联系实际的关系。比如，矛盾普遍性与特殊性关系原理与中国特色社会主义理论和道路的关系；辩证唯物主义认识论与党的思想路线的关系；社会基本矛盾原理对我国经济体制改革、政治体制改革的指导意义等等。

第三，以教材核心内容为基础，结合学生日常生活进行调研。思政课教师可以指导学生以高校思想政治理论课的理论内容为基础，让学生利用课外时间结合学生日常生活进行调研，考察实际问题，在研究问题的同时加深对理论的理解和认识。学生调研的内容主要有以下主题：有关大学生思想状况、大学生对待自己专业的态度、当前社会流行文化、当前群众最关心的社会问题、弱势群体的生活状况和心理感受、人们的环保意识以及与他们的生活密切相关或感兴趣的现实问题。要求学生写明活动时间、调研地点、调研对象、调研内容及调研了解到的情况，并运用马克思主义基本原理对调研材料进行分析，归纳总结调研结论。

第四，结合高校思想政治理论课理论教学，进行社会调查。社会调查对学生情感、思想和行为影响明显，是课堂教学感性、直观的印证。因此，思政课教师根据教材内容，结合当前的重大经济、政治形势以及社会热点问题，拟定调查题目，组织学生进行社会调查，促使学生在调查中分析、解决问题，提高运用马克思主义理论思考、解决人生和社会问题的能力，树立正确的世界观、人生观、价值观，深化对马克思主义基本原理和方法的掌握，提升对马克思主义基本原理重要价值的认识。社会调查的方式主要有以下几种。

一是结合思政课教学，设计大学生暑期实践活动的题目。理论教育和实践教育相结合是大学生思想政治教育的根本原则，暑期社会实践是增进认识社会、理解社会的重要途径，是检验课堂知识真理性的必要途径。为充分发挥社会实践活动作为加强和改进大学生思想政治教育重要途径的优势，结合实践教学环节的要求，思政课教师应紧密结合课堂教学设计实践的题目，指导学生如何围绕高校思想政治理论课的主题去选题，指导学生写策划书、写调研报告。甚至教师可以亲自带队，为学生的整个考察活动提供全程指导。大学生深入生活、深入基层，在服务社会、实地考察中，增进对民情、社情和国情的了解，增进专业知识，提升分析、解决问题的能力，加强科学世界观、人生观的形成，培养学生的创新能力和实践能力，提高学生的政治觉悟和综合素质，这些手段是增强思政课实效性的重要渠道。大学生通过社会实践，可以增长才干、了解社会、锻炼能力，具有重要的现实意义。考察后，思政课教师在授课过程中积极邀请社会考察团的同学谈考察感受、分享心得。

二是利用国庆长假、周末课余时间，结合教材内容，布置学生进行社会调查，完成调查报告。要求学生写明活动时间、调研地点、调研对象、调研内容、调研了解到的情况，并运用马克思主义基本原理对调研材料进行分析，归纳总结出调研结论。教师根据调查报告，评定成绩。学生通过多种形式（如走访、调查等）了解社情民意以及各种现实问题，引发学生主动思考，从感性认识上升为理性认识，把马克思主义的一般原理转化为学生的个体意识。通过调查、讨论等，学生可以增强对现实社会生活的了解，针对产生的种种困惑提出问题，进而运用马克思主义基本原理去分析这些问题，把学生的思想引入更高的境界，发挥马克思主义理论引领现实、超越现实的作用。学生调查结束后形成的实践报告，以探索性、研究性、合作性为主要特征。对于优秀的作品，让学生制作成PPT课件在课堂上演示、交流。通过社会调查，学生的认识水平得以提高，与教师的交流多了，讨论多了，对高校思想政治理论课兴奋点多了，兴趣也有了。通过考察使学生认识到：一方面，马克思主义是在实践中形成并接受实践检验的科学理论，这一理论在今天仍具有重要的实践功能。马克思主义理论并非抽象的思想体系，而是与现实生活密切相关，可以为每个人的生活提供现实的指导，引领我们感受生活的意义和价值，促进正确的世界观、人生观和价值观的形成。另一方面，只有自觉运用马克思主义基本原理分析和解决现实问题，才能真正透过纷繁复杂的现象，了解和把握自然界、人类社会、人的思维领域的本质和规律，才能处理好人与自然、社会、自我、历史、文化等一系列的关系。

第五，通过课后师生交流互动，提高育人效果。思政课教师不仅要在课堂上关注学生的理论学习情况，更要在课外关心学生的生活状况，全方位地掌握学生的心理，有针对性地利用课外日常生活中的点滴来感染学生，潜移默化地熏染学生信仰共产主义。高校思政课教师可以为学生开设公共电子信箱，提前上传授课核心内容及学生需提前了解的教学信息。可以将自己的电子信箱等向学生公开，以便及时回复学生针对课程内容提出的问题。通过与学生广泛交流，了解学生的思想状况，回答学生提出的问题，对学生进行思想政治教育，拓展教学和师生互动的渠道；把课堂教学延展至学生的日常生活，把几十学时的教学时间延长至学生整个大学时代，从而增强思政课的实效性。通过这些形式，利用多种教学手段，增进实践教学的层次性，借以取得立体化、多方位的教学效果。

第三节 坚持系统思维精心设计高校思想政治理论课多媒体教学课件

多媒体教学作为一种新的教学手段已在高校思想政治理论课教学中得到越来越多的应用。教师利用多媒体教学手段把生动具体的资料和新颖的教学设计与教学内容相结合，能使抽象的理论观点具有征服学生心灵的魅力，提高教学效果。利用多媒体教学手段的前提是制作多媒体课件，坚持系统思维精心设计好多媒体课件，才能达到提高教学效果和效率的目的。但是，目前大部分的高校思想政治理论课多媒体课件只限于文本素材，形式单一，不能形成对学生的多重感官刺激，教学效果受到一定程度的限制。本节针对高校思想政治理论课多媒体课件设计方法进行初步研究。

一、坚持系统思维设计高校思想政治理论课多媒体课件的原则

高校思想政治理论课多媒体课件是通过文本、图形、图像、视频、动画、声音等多种媒体形态，以数字化的方式表现教学内容的电子教案。高校思想政治理论课多媒体课件能够最大限度发挥各种媒体的优势，呈现教学信息，解决教学中的重点和难点问题，对学生进行多重感官刺激，便于理解、记忆、巩固所学知识，也能为培养学生的综合能力提供很大的帮助[1]。高校思想政治理论课多媒体课件的精美图片、不断变换的画面、内容丰富且声情并茂的声像资料等，有助于吸引学生的注意力，充分调动学生的各种智力、非智力因素，引起学生兴奋、愉悦的感受，调动他们学习的积极性，使课堂更富有趣味性和生动性[2]。

高校思想政治理论课多媒体课件的设计是内容与形式的统一，技术与艺术的结合。它要求高校思想政治理论课教师设计多媒体课件时必须把握以下原则。

第一，多媒体课件设计必须服务于高校思想政治理论课教学目标。高

---

[1] 古丽娜，玉素甫. 多媒体电子教案的设计、制作策略探究 [J]. 中国教育技术装备，2009 (30)：138.

[2] 贾秀莲. 关于高职思想政治理论课多媒体教学的思考 [J]. 教育与职业，2009 (24)：139.

校思想政治理论课的思想政治教育目标是第一位的目标，也是主要的目标。高校思想政治理论课教学的基本要求就是以高举中国特色社会主义伟大旗帜，以马克思列宁主义、毛泽东思想、邓小平理论、"三个代表"重要思想、科学发展观、习近平新时代中国特色社会主义思想为指导，全面贯彻党的教育方针，落实立德树人根本任务，不断提升思想政治理论课的亲和力和针对性。因此，高校思想政治理论课多媒体课件设计必须有明确的教学目标，即教学目的就是要使学生系统地掌握马克思主义理论，解决学生中普遍存在的世界观、人生观、价值观、道德观等方面的问题。高校思想政治理论课多媒体课件设计必须服务于课堂教学目标，课件设计要更好地突出和体现思想政治教育主题并服务于这个主题。

第二，高校思想政治理论课多媒体课件内容源于教材并适度高于教材。高校思想政治理论课教材是教学大纲和教学要求的具体体现。因此，高校思想政治理论课多媒体课件内容主要依据高校思想政治理论课教材的重要内容。但又要适度高于教材，即高校思想政治理论课教师应该结合大学生思想状况，结合学科发展情况，以及自己对教材的认识理解与研究，对高校思想政治理论课教材内容进行再加工。这种再加工表现在，要运用教材之外的案例、材料对高校思想政治理论课教材内容进行讲解、分析、论证、补充，特别是要把学科前沿的内容融入教案，"要把反映时代内容、时代精神的东西融入到教案中去，真正做到与时俱进"。同时要使高校思想政治理论课多媒体课件符合当代大学生思想现状，使高校思想政治理论课多媒体课件内容做到思想性、教育性、科学性相统一。

第三，尽量突出高校思想政治理论课教学重点及难点。高校思想政治理论课教学不仅要让学生理解和掌握教师所教授的内容，更重要的是让学生接受和信仰马克思主义理论。解决好教学重点难点，是提高高校思想政治理论课教学针对性和有效性的关键。高校思想政治理论课多媒体课件，应体现出思政课教学的重难点，这样才能发挥高校思想政治理论课多媒体教学的优势。高校思想政治理论课多媒体课件可以利用丰富的教学资源（如动画、声音、视频片段等）帮助学生理解难点，掌握重点，使学生通过教师的讲授和多媒体课件的演示，掌握本节课的核心内容。

第四，高校思想政治理论课多媒体课件设计应注意提高课堂教学效率。高校思想政治理论课的知识点较多，有不少知识点教材没有展开。多媒体课件承载了大量教学信息，可以通过动画、视频等多种展示方式丰富教学内容，提高教学效率，同时提高学生的理解与学习能力，进而提高课堂教学效果。

第五，高校思想政治理论课多媒体课件设计应注意形式与内容统一。高校思想政治理论课多媒体课件设计是通过一定的内容和形式来表达的。多媒体课件设计的内容就是指它的主题、题材等要素的总和；形式就是它的结构、风格或设计语言等的表现方式。一个优秀的高校思想政治理论课多媒体课件设计所追求的形式必须适合主题的需要，更好地体现主题、突出主题、服务主题。

第六，高校思想政治理论课多媒体课件设计应强调整体性。高校思想政治理论课多媒体课件不是把讲解的知识、观点、例证等简单地罗列与堆砌，而是要体现思想政治教育理念，对教学活动、教学环节、教学过程等进行精心设计，使其成为一个能够实现教育目标的有机整体。高校思想政治理论课多媒体课件中的整体性表现在：一是整个高校思想政治理论课多媒体课件所包括的不同文件，都应统一规划、统一风格；二是高校思想政治理论课多媒体课件各部分篇幅比重要比较合理，层次清楚，同时各要素之间形成一个有机整体，各个部分相互促进，为实现教学目标、教学要求而形成合力，共同解决一次课所要解决的重难点问题，实现整体功能优化；三是整个高校思想政治理论课多媒体课件逻辑结构严谨，没有思维混乱或自相矛盾的问题，前后层次之间连贯，前后转接自然，首尾呼应，一气呵成，没有脱节感或唐突感。

二、高校思想政治理论课多媒体课件的内容设计

第一，高校思想政治理论课多媒体课件的教学内容深浅有度。即课件的内容选择和组织的教学内容在量上要适度，在难易程度上要适中，提供的辅助材料翔实丰富，例证生动典型。首先，课件的教学内容在量上要适度。课件的教学内容必须精挑细选，在数量上要适量，要在规定的时间内，把课件的教学内容讲完整、讲清楚、讲透彻；其次，课件的教学内容中的理论、观点、材料在难易程度上要适度把握，符合学生的实际情况，既要通俗易懂，又要有一定的理论深度和逻辑思维。

第二，高校思想政治理论课多媒体课件提供的材料要翔实丰富，例证要生动典型，理论要与实际紧密结合，说服力强。课件中的理论观点应与例证材料融为一体，例证材料是为了论证理论观点的，理论观点是通过例

证材料获得证明的,二者互相支撑。同时,对理论分析论证要严密充分,用事实证明理论观点,用逻辑的力量征服人心。材料、例证运用得是否恰当,主要表现在以下几个方面:一是时代性,即材料、例证应是近几年才发生的,紧跟时代步伐;二是思想性,即材料、例证应具有思想上的先进性,符合马克思主义的立场观点,对学生具有教育意义;三是典型性,即材料、例证应是比较典型的事件,要给人以启发;四是适量性,即材料、例证不宜过多,也不能过少,以能够把问题讲清楚为限;五是针对性,即材料、例证应针对学生的思想、心理实际,最好是学生身边发生的真实事件;六是趣味性,即材料、例证应是学生感兴趣的生动事例,做到寓教于乐[1]。

第三,高校思想政治理论课多媒体课件所体现的教学活动是多样的。高校思想政治理论课的教学过程实际上是师生间的知识与情感双向交流与互动的过程。因此,在高校思想政治理论课多媒体课件设计中,要充分体现教师的主导性和学生的主体性,充分调动双方的积极性。在教学活动中可以采用讲授、讨论、分析、辩论等多种教学方法,多种多样、丰富多彩的教学活动,可以活跃课堂氛围,激发学生兴趣,提高高校思想政治理论课的教学效果。

三、高校思想政治理论课多媒体课件的形式设计

高校思想政治理论课多媒体课件的形式设计必须服从教学内容,以达到提高教学效果的目的。高校思想政治理论课多媒体课件的形式设计应该注意以下几个方面。

第一,版式设计。高校思想政治理论课多媒体课件中包含多个多媒体元素,主要包括文本、背景、按钮、图标、图像、表格、颜色、超链接、背景音乐、动态影像等。无论是文字、图形、动画,还是音频、视频,教师所要考虑的是如何以引人入胜的形式把它们放进视图里。这就需要进行多媒体课件的版式设计[2]。版式设计最重要的是布局设计,有三层含义:"一是界面上该放置什么对象;二是放在哪里;三是怎样放置。这完全可

---

[1] 许子文,杨子均.高校思想品德课优秀教案的基本要素探析[J].教育理论与实践,2003(20):42.

[2] 党柯.电子教案的设计[J].甘肃农业大学学报,2004(6):752.

以借鉴影视艺术或者绘画中的构图法则，把最重要的东西安排在最能引人注意的地方，也就是视觉中心上。"①

第二，文字的编排与设计。文字在视觉传达中是视图的形象要素之一。文字的编排与设计必须考虑文字编辑的整体效果，给人以清晰的视觉印象，避免视图繁杂零乱，使人易认、易懂、易读。同时，文字的编排与设计要服从课件内容的性质及特点的要求，其风格要与内容特性相吻合。例如，概念理论的文字应具有庄重和规范的特质，字体造型规整有序，简洁大方；特点特征类型文字编排设计应具有欢快轻盈的风格，字体生动活泼，跳跃明快，有鲜明的节奏感；有关历史文化教育方面的内容，文字编排设计可具有一种苍劲古朴的意蕴、端庄典雅的风范或优美清新的格调②。

第三，图片的编排与设计。高校思想政治理论课多媒体课件中用于说明教学内容的图片要求分辨率和颜色深度较大，这样才能更好地凸显图片，产生较强视觉效果。同时，图片的位置、大小、数量、形式、方向等也直接关系到版式的视觉传达。因此，在图片的选择时，要注意统一、悦目，更要注意突出重点。

第四，色彩的设计。整个多媒体课件的色彩要确定一个主色调，以有利于体现教学主题。因为过于丰富的背景色彩会影响前景图片和文字的取色，严重时会使文字融于背景中，不易辨识。因此，多媒体课件背景一般应以单纯色为宜。一般以浅颜色为背景的居多。例如，以浅颜色（浅灰色、浅黄色、浅蓝色、浅绿色）为底，柔和、素淡，配上深颜色的字（如黑色），易于辨识，读来流畅，也有利于突出教学重点难点，这种配色方法已为大多数人认可。

第五，结构设计。高校思想政治理论课多媒体课件的结构由封面、内容页面（主页）和封底组成。高校思想政治理论课多媒体课件的整体结构通过不同层次的标题体现，一般有3~4个层次的标题，即主标题（题目）、分标题、中标题、小标题等。高校思想政治理论课多媒体课件出现的第一个页面为封面，其组成元素主要是课程的章节名称，封面应力争做到简洁、清晰。在封面完成以后另加新的一页作为目录页，用来展示某一节课要讲的内容标题，目的是让学生了解这一节课要学习的大致内容。内容页

---

① 古丽娜，玉素甫. 多媒体电子教案的设计、制作策略探究［J］. 中国教育技术装备，2009（30）：139.

② 党柯. 电子教案的设计［J］. 甘肃农业大学学报，2004（6）：753.

面是高校思想政治理论课多媒体课件的主要部分，不仅包括所有的教学任务，还包含教师的教学策略、教学方法以及教学理念①。

第四节 全方位促进高校思想政治理论课教材体系向教学体系转化

高校思想政治理论课统一使用中宣部、教育部组织编写的马克思主义理论研究和建设工程高校思想政治理论课教材。统编教材为高校思想政治理论课程教学奠定了坚实的基础，提供了有力的支撑。但是有一本优秀的教材并不意味着教师就可以照本宣科，也不意味着就能取得理想的教学效果。相反，要在课堂教学中很好地阐释教材的内容，实现教材确定的目标和要求，还须付出一系列艰苦的努力，还要完成一个由教材体系向教学体系转化的过程。完成教材体系向教学体系的科学转化是提高高校思想政治理论课教学效果的重要环节。新时代高校思想政治理论课的改革创新要全方位促进高校思想政治理论课教材体系向教学体系转化。

一、高校思想政治理论课教材体系向教学体系转化的必要性

高校思想政治理论课教学目标是使大学生从总体上掌握马克思主义的基本原理、基本观点、基本方法，树立科学的世界观、人生观和价值观。教材体系是教学的基础，是教学的重要依据，但要达到教材确定的目标和要求，取得理想的教学效果，教学体系是教学的关键。

1. 通过教材体系向教学体系转化实现教学的针对性和实效性

教材体系与教学体系着重点不同。教材体系是指某一学科或专业的教科书内部的章节结构框架以及相互联系的内容所形成的一个整体。教材体系的功能在于，根据教学目的和教学大纲，按照一定的范式，给教学提供比较全面、准确、严谨的逻辑和知识体系，成为教学所应遵循的基本蓝

---

① 古丽娜，玉素甫. 多媒体电子教案的设计、制作策略探究［J］. 中国教育技术装备，2009（30）：138.

本[①]。高校思想政治理论课是大学生的一门必修课,教学中使用的高校思想政治理论课教材是马克思主义理论研究和建设工程重点教材,也是凝聚了国内众多著名专家学者心血的一本教材。教材具有主题鲜明、理论水平高、逻辑主线清晰、结构严谨、内容凝练、理论联系实际等特点,是教师进行教学体系设计和开展教学活动的主要依据。

教学体系是为了达到一定的教学目的,以教材为基本遵循,实现一定的教学功能的各种教学组织形式,是教学内容、教学方法和教学评价等组成的统一整体。教学体系的主要载体是语言,主要解决怎么教、怎么学的问题[②]。仅有教材体系而没有完备的教学体系,就无法实现教材体系的功能。在高校思想政治理论课实际教学中,只有通过教材体系向教学体系转化,才能将教材内容通过有效的教学方法传授给学生,提高教学的针对性和实效性。

2. 用具体的、通俗的语言解读教学内容,提高课堂教学效果

高校思想政治理论课教材中的基本概念、基本原理,其语言强调规范而不可能追求生动鲜活,加上教材篇幅有限,不可能对每个理论观点都结合具体的事例作出深入浅出的剖析。这就要求思政课教师要用具体的、通俗的、生活化的语言解读教材中的理论术语,使高校思想政治理论课真正做到贴近社会、贴近现实、贴近生活[③]。

3. 教材体系向教学体系的转化有助于克服教学中的两种错误倾向

统编教材对于统领高校思想政治理论课教学内容及强化党和国家意识形态发挥着主渠道作用。但是,高校思想政治理论课师资队伍建设方面存在种种差异,导致高校思想政治理论课实际教学中很多教师没有处理好教材与教学之间的转化关系。因此,教学实践中常常存在两种错误倾向:一种是将教材体系直接等同于教学体系,不作创造性转换,将教材变成教

---

① 陈杰. 思想政治理论课由教材体系向教学体系转化研究与实践［J］. 成功（教育）,2010（12）：30.
② 杨卫东.《马克思主义基本原理概论》教材体系向教学体系转化浅议［J］. 价值工程,2010（22）：224.
③ 曹顺霞,田杨群. 思想政治理论课教材内容向教学内容转化刍议:以备课环节为例［J］. 教育探索,2010（7）：33.

条[1]，照本宣科；另一种是教师视教材为参考书，严重脱离教材，在课堂上任意发挥，对自己熟悉的内容讲得多，甚至超出教材范围，讲一些与教材无关的东西。对自己不熟悉的地方少讲或不讲。因此，只有完成由教材体系向教学体系的转化，才能克服这两种错误倾向，实现高校思想政治理论课的教学目标和要求。

二、高校思想政治理论课教材体系向教学体系转化应遵循的基本原则

《关于进一步加强和改进大学生思想政治教育的意见》指出，思想政治理论课"要联系改革开放和社会主义现代化建设的实际，联系大学生的思想实际，把传授知识与思想教育结合起来，把系统教学与专题教育结合起来，把理论武装与实践育人结合起来，切实改革教学内容，改进教学方法，改善教学手段"[2]。这就为高校思想政治理论课教材体系向教学体系转化指明了方向。高校思想政治理论课教材体系向教学体系转化应遵循如下原则。

1. 思想政治教育目标是第一位的原则

高校思想政治理论课是对大学生进行思想政治教育的重要渠道，是帮助大学生树立马克思主义信仰的重要途径。它的课程性质以及它在高等教育体系中的特殊地位决定了其必须强化思想政治教育目标。高校思想政治理论课教学不仅要让学生理解和掌握教师所教授的内容，更重要的是让大学生接受和信仰马克思主义理论。因此，高校思想政治理论课教材体系向教学体系转化必须坚持思想政治教育目标是第一位的原则。高校思想政治理论课教学的基本要求就是以马克思主义为指导，坚持正确的舆论导向，用习近平新时代中国特色社会主义思想武装学生头脑，使大学生系统地掌握马克思主义理论，解决学生中普遍存在的世界观、人生观、价值观等方面的问题，培养社会主义的建设者和接班人。高校思想政治理论课教材体系向教学体系转化必须服务于课堂教学目的，更好地突出和体现思想政治

---

[1] 陈立军，胡让良. 高校思想政治理论课由教材体系向教学体系转化探索 [J]. 重庆广播电视大学学报，2010（6）：22.

[2] 中共中央国务院发出《关于进一步加强和改进大学生思想政治教育的意见》[J]. 中国高等教育，2004（20）：4.

教育主题并服务于这个主题。

2. 教学内容源于教材并适度加工教材的原则

高校思想政治理论课教材是教学大纲和教学要求的具体体现，是教学的蓝本。高校思想政治理论课教学内容主要依据教材的重要内容，但又要适度加工教材，即高校思想政治理论课教师应该结合大学生思想状况，结合学科发展情况，结合自己对教材的认识理解与研究，对高校思想政治理论课教材内容进行再加工。这种再加工表现在，要运用教材之外的案例、材料对高校思想政治理论课教材内容进行讲解、分析、论证、补充，特别是要把学科前沿的内容融入教案，还"要把反映时代内容、时代精神的东西融入到教案中去，真正做到与时俱进"[1]。要使高校思想政治理论课的教学符合当代大学生思想现状，使高校思想政治理论课教学内容做到思想性、教育性、科学性相统一。

3. 突出教学重点，体现难点与兼顾一般相结合的原则

解决好教学重难点，是提高高校思想政治理论课教学针对性和有效性的关键。《马克思主义基本原理概论》"教材的每个章节都有主题性的内容设计，以主题为核心进行展开和阐述，形成了不同层次的观点和理论。教学体系在内容的选取上要把握主题，突出重点"。要克服面面俱到的教学方法，因为只有突出了重点，才能给学生深刻的影响，也能合理有效地使用教学的时间。"可以利用丰富的教学资源（如动画、声音、视频片段等）帮助学生理解难点，掌握重点，使学生通过教师的讲授和多媒体课件的演示，掌握本节课的核心内容。"[2] 在突出教学重点、体现教学难点的同时，一般知识也不能忽视，要兼顾一般知识，注重提高课堂效率，讲清一般知识。

4. 理论联系实际的原则

高校思想政治理论课教学，只有联系大学生关心的理论和热点问题，以及涉及国内外的一些重大问题，才能使高校思想政治理论课教学充满活力，使大学生产生共鸣。作为 21 世纪的大学生，除了要掌握专业知识和技能之外，还应对国际国内的时事有基本的了解，这是体现大学生综合素质

---

[1] 许义文，杨子均. 高校思想品德课优秀教案的基本要素探析 [J]. 教育理论与实践，2003 (20)：41.
[2] 白茹. 多媒体教案的设计思路 [J]. 长春中医药大学学报，2006 (4)：104.

的一个重要方面。高校思想政治理论课具有较强的思想性、政治性和时代性，是向大学生传播新信息、新知识、新观念的重要渠道。因此，高校思想政治理论课教学内容力求做到贴近社会、贴近现实、贴近生活，同现代世界、现代社会、现代生活中大量的、活生生的新鲜事物结合起来，让大学生体验到的是大量的有血有肉的东西，从而加深对马克思主义的理解，切实提高大学生高校思想政治理论课教学内容的针对性。因此，在讲述大学生高校思想政治理论课的主要内容时，既要注重理论成果本身的阐述，又要紧密联系实际问题，这样才能把理论讲深、讲透、讲活，才能使大学生在认识和分析实际问题的过程中加深对理论的理解，做到真学、真懂、真信、真用。

5. 遵循教材与灵活发挥相结合的原则

教学过程是一项需要充分发挥教师教的自主性和学生学的自主性的实践性活动。教学体系的设计，必须充分考虑到如何发挥两个积极性、两个创造性的问题①。高校思想政治理论课教学过程实际上是师生间的知识与情感双向交流与互动的过程。因此，在高校思想政治理论课教学设计中，要充分体现教师的主导性和学生的主体性，充分调动双方的积极性。在教学活动中，在遵循教材的前提下，灵活发挥，可以采用讲授、提高、讨论、分析、辩论等多种教学方法，丰富多彩的教学活动，可以活跃课堂氛围，激发学生兴趣，进而提高高校思想政治理论课教学效果。

6. 课堂讲授与辅助活动相结合的原则

高校思想政治理论课课堂的教学时间非常有限，仅利用课堂时间来完成教学任务有较大难度，这就需要在课堂教学之余，还要进行课外学习，将课外学习作为课堂教学补充。例如，课外指导大学生进行社会调查、指导大学生阅读原著等。

三、高校思想政治理论课教材体系向教学体系转化的路径

教材体系转化为教学体系，主要解决的是教师怎么教、学生怎么学以及将课程目标和内容转化为学生的知识、信念和素质的问题。科学的教材

---

① 卢黎歌. 试论高校思想政治理论课教材体系向教学体系的转化 [J]. 教学与研究，2009（11）：91.

体系向科学有效的教学体系的转化，不仅是教师备课和讲授的教学活动，而且是一项根据环境和学生实际以及在对教材深入解读的基础上进行的复杂的再创造性劳动①。从教材体系向教学体系的转化能否成功实现，关键是要了解转化的特点，找到转化的路径，从而在教材体系与教学体系之间构筑起通道，确定转化内容并有针对性地实施转化策略②。

1. 教师必须拥有深厚的马克思主义理论素养和广博的知识结构

高校思想政治理论课具有理论性和综合性强的特点，这要求教师既要有深厚的马克思主义理论素养，又要拥有广博的知识结构；既能向学生系统地传授思想政治理论课的基本理论，又能把握整体教学体系框架和政治方向。因此，高校思想政治理论课教师要深入学习马克思主义理论，真正下功夫弄懂弄通马克思主义及其科学体系、精髓要义，最终达到对马克思主义活学活用的境界，提高马克思主义理论素养。"在教学体系的形成过程中，教师要具有建构富有理论与逻辑的教学思路的能力，既能系统向学生讲授马克思主义的基本理论与思想内核，诠释不断丰富与发展的马克思主义理论，用思想和理论的魅力感染、影响学生，又能把握教学体系的整体框架、发展脉络与思想精髓"③。

2. 教师要吃透教材，设计好教案

讲好高校思想政治理论课，提高课堂教学效果，要求教师在备课环节上多下功夫。要通读教材，钻研教材，吃透教材，正确领会教材体系的精神，找出教材的内在逻辑联系，准确把握教学重点和难点问题，把握教材体系的要义。

吃透教材是教学方案设计的基础。只有吃透了教材，才能在教学中运用得当、游刃有余，避免照本宣科、离题万里的尴尬。吃透教材的要义在于理解教材基本精神，从宏观上理清教材整体的编写思路和章节之间的联系与分工，在微观上把握每一章节的主题、重点，了解主要理论观点的逻

---

① 彭付芝. 论思想政治理论课教材体系向教学体系转化的条件［J］. 北京教育·德育，2009（5）：51.
② 陈立军，胡让良. 高校思想政治理论课由教材体系向教学体系转化探索［J］. 重庆广播电视大学学报，2010（6）：22.
③ 同①.

辑推理的关键点①。

教案是教学的主要依据,也是转化的关键环节。要根据教师的学科特长和理论基础,设计个性化的教学方案。教案设计要关注结构设计和讲课艺术设计等。在结构设计中,要设计好开场白,有意识地安排课堂高潮,构思精彩的结尾语。在讲课艺术中,语言的驾驭、情感的表露、体态的表达、资料的选择、教学手段的运用,都是需要在教案中精心设计安排的②。

3. 精选教学案例,强化案例式教学

在高校思想政治理论课教学中,思政课教师根据高校思想政治理论课的教学目标和内容,结合当前国内外政治、经济、文化、科技等发展的现状,设置一个个具体的教学案例,引导大学生运用马克思主义观点进行系统的分析、归纳和总结,发现深层次问题,促进大学生主动学习,提升大学生分析问题和解决问题的能力。在应用案例式教学中,首先,师生精心收集与教学内容有关的社会热点典型案例;其次,大学生分析讨论典型案例;再次,教师精心点评案例及大学生发言,指出大学生发言的闪光点和不足,通过师生共同研究、分析这些案例,使大学生潜移默化地受到教育。

4. 优化理论课教学内容

思想政治理论课具有较强的政治性、科学性和实践性,教师要注重教学内容和教学方法的运用。只有优化高校思想政治理论课的教学内容,才能为提高教学实效性创造条件。

第一,凸显教学内容的针对性及前沿性。在开放的社会环境下,大学生既富有时代气息,也存在着迷惘与困惑,迫切需要思想政治教育进行科学而正确的引导。首先,增强教学内容的针对性和时代性,教师要着重运用马克思主义理论知识解答学生面临和关心的热点问题,对社会热点问题采取不回避的态度,把握正确的政治方向,牢固树立大学生的政治信仰。其次,教学内容要体现前沿性。鼓励思政课教师进行科研学术活动,把最新的科研成果融入教学,以研促教。实践证明,只有那些既能在科研与学术工作中激流勇进,又能在教学前线冲锋陷阵的教师,才能给学生以前沿

---

① 卢黎歌. 试论高校思想政治理论课教材体系向教学体系的转化 [J]. 教学与研究, 2009 (11): 91-92.

② 同①: 92.

性的引导。同时，也增强了教师的学识魅力，使思政课不再是空洞的说教。

第二，实现教学内容的生活化与实践化。思想政治理论课教学内容的生活化，要求教师从大学生的生活实际出发，将生活融入教育，将教育融入生活。教师在重视系统的理论教育的同时，还要利用课上课下的机会了解学生关心的热点和难点问题，帮助学生分析和解决在学习与生活中遇到的现实问题，这样才能引起学生的情感共鸣，使教学的实效性倍增。同时，高校思想政治理论课教学内容要重视实践环节，应充分发挥"第二课堂"的教育功能。可以通过开展各种类型的实践活动，指导学生用所学的理论知识进行价值评价，发现和分析各种社会问题，提出自己的见解和解决方案，激发学生的社会责任感和使命感。

5. 创新教学方法，提高教学效果

高校思想政治理论课教师要在全面把握教材内容的基础上，注重教学方法和教学形式的创新，增强教学的吸引力。在课堂讲授中，要改变传统的"灌输式""填鸭式"教学模式，采用启发式、研讨式、辩论式教学方法。这样做是为了突出大学生的主体地位，给大学生提供一个展现自我的平台，使大学生有兴致地进行学习，从而增强教学效果。

专题式教学法是指在理解教材和教学要点的基础上，对教材内容进行重新系统性的整合，把其分成若干专题进行讲授的教学方法。思想政治理论课教师应在抓住思想政治理论课教学本质内容的基础上，遵循整体性及系统性原则，打破原有教材章节的限制，将相关理论内容系统化，形成联系紧密的若干专题进行讲授，加强学生对思想政治理论课知识的整体性、系统性掌握。

探究式教学法以学生为主体，教师通过向学生提出问题、讲述事例让学生自觉地、主动地探索，发现事物发展的起因和事物内部的联系，从中找出规律，形成自己的概念。探究式教学法可以有效调动学生学习的积极性与主动性。高校思想政治理论课以马克思主义理论为主线，理论性较强，如果学生不能积极参与到教学过程中去，势必影响教学的实效性。当代大学生具有较强的自我意识，探究式教学法能在达到既定教学目标的基础上发挥学生的能动性，使师生实现良性互动。在实施探究式教学法的过程中，启发式问题的提出与典型事例的列举是其重要因素。教师要对提出的问题进行反复推敲，使学生能够通过收集分析资料，揭示马克思主义的经典问题。列举的事例要能激发学生的学习兴趣，并涉及时事热点问题，使学生能够将抽象理论化为具体，加深对理论的理解。通过探究式教学法，培养学生学习的自主性，学生在探究中自觉地理解高校思想政治理论课的理论内容。

激励教学法既是一种教育方法，更是一种教育理念。在思想政治理论课教学中，可采取目标激励法，把思想政治理论课的教学目标内化为学生的内在需求，为学生设立近期和长远目标，激发学生学习动力。也可结合情感激励法。在教学过程中，教师要通过关心、关爱学生来培养师生情感，注重与学生进行情感的交流，善于运用语言艺术，拉近与学生的心理距离，让学生在情感的激励下对思想政治理论课教学中所蕴含的知识充分消化吸收，达到教学目的。

启发式教学是教师根据教学要求和大学生的实际，灵活运用各种教学原则，充分调动大学生的学习积极性，启发大学生积极思维，引导大学生分析问题和解答问题，使大学生既能理解知识又能开发智力的一种教学方式。在高校思想政治理论课教学中，教师应有针对性地提出问题，启发、引导大学生独立思考，变简单的说教式、注入式为入情入理的引导。一个好的问题能够激发大学生的学习兴趣，启发思维，提高课堂教学效果，不断增强高校思想政治理论课的吸引力和感染力。教师应精心设计一些带启发性的问题，用启发性的语言，启发大学生的思维，激发他们的求知欲望，并通过质疑、讨论去寻找答案。

研讨式教学是在教师指导下，通过大学生研究讨论、进行知识建构和价值认同、体验研究方法的一种学习过程，它不单纯追求学生的学习结果，而是注重学习过程，不是纯粹要求学生提出标准答案，而是引导大学生重视思维方式和探寻解答思路。在高校思想政治理论课教学中，运用研讨式教学法，教师应注意精心选题，做到紧扣教材内容，结合现实生活中的新情况、新问题，瞄准学生关心的社会热点、难点问题，结合学生实际，具有针对性，使学生提高运用马克思主义理论分析与解决问题的能力。这样，不仅可以有针对性地进行教学，使学生养成理论思维习惯，而且可以培养学生家事、国事、天下事事事关心的态度，从而积极引导学生树立正确的政治方向和世界观。

辩论式教学法是适应新形势下培养创新人才需要的一种教学方法。教师在辩论前一周给学生分好组，并确定正方和反方的辩手，其他同学为后援力量，辩论时可以作自由补充发言。学生利用课余时间查阅资料、组织练习，课堂上进行正式的辩论。这种辩论式教学法既调动了学生学习的主动性和积极性，也锻炼了学生的逻辑思维能力、语言表达能力及团队协作能力，适应了新形势下培养创新人才的需要。

6. 确立课堂教学与课外辅导相结合的有机模式

确立课堂教学与课外辅导相结合的有机模式可以从以下几方面入手。第一，结合教材内容，联系当今热点问题，理论联系实际布置作业题，教师批改作业。马克思主义理论是从实践中来并被实践证明了的科学理论，只有联系实际，才能真正学懂，也才能真正用好。教师结合教材中的一些重要原理，联系当今热点问题，让大学生理论联系实际完成作业，教师批改作业。第二，指导大学生进行社会调查、社会实践。利用国庆长假，结合教材内容，布置大学生进行社会调查，完成调查报告。第三，指导大学生阅读原著。教师指导大学生阅读马克思主义经典作家原著，开展讨论，批改作业。在学习完每一部分内容之后，作为课堂讲授内容的延伸，教师介绍与本部分内容相关的经典文献（原著），规定大学生在课下必读的内容。利用课下学时开展1~2次讨论，检查大学生读原著的情况，解答大学生读原著过程中遇到的问题，使大学生能够交流阅读原著的心得体会。第四，利用课间、课余时间，通过面谈、邮件、电话或手机短信等方式，与大学生进行交流，了解大学生的思想状况，回答大学生提出的问题，对大学生进行思想政治教育。利用博客、邮件开展授课、答疑、作业批改。通过网络与大学生积极互动沟通交流，把解答问题与课堂教学结合起来，拓展教学和师生互动的渠道。

第五节　坚持系统思维协同推进高校思想政治理论课建设[①]

习近平总书记在党的二十大报告中强调，"推进大中小学思想政治教

[①] 秦书生，何彦彦. 协同推进思想政治理论课建设的生成逻辑、作用机制环境支撑 [J]. 系统科学学报，2024年录用待发表.

育一体化建设"①。习近平总书记这一论述告诉我们，各相关方面要协同推进思想政治理论课建设，共同形成思政课建设的合力，形成立德树人的协同效应。习近平关于思想政治理论课建设的论述中多次提到"协同效应""协同推动""协同配合"，就是要将思想政治理论课改革创新作为一项系统性工程来看待，充分调动整合教育力量，从理念、制度、载体等各方面构筑强大的思政课育人合力，实现全员、全过程、全方位育人，推动思想政治理论课在改进中加强，在创新中提高。

一、协同推进思想政治理论课建设的生成逻辑

"协同"要求系统中的各个要素相互协调、相互配合以促进资源优化配置，产生大于各要素单独作用的效果，推动共同目标更好更快地完成。思想政治理论课建设是一项受到内外多种因素影响的工程，需要引入协同思维来提升改革创新实效。协同推进思想政治理论课建设的提出不是偶然的，其生成逻辑基于以下几方面。

1. 根据思想政治教育的特点和规律以及落实党中央决策部署进行有效教育活动的必然选择

第一，协同推进思想政治理论课建设是面对日益复杂社会环境、坚守意识形态主阵地的必然选择。习近平总书记指出，当前要把建设思政课"放在世界百年未有之大变局、党和国家事业发展全局中来看待"②，在我国同世界日趋紧密的联系中，社会思潮风云变幻，价值观念交锋碰撞，国家意识形态领域的斗争形势严峻，维护国家意识形态安全成为极为重要的工作。学校是做好意识形态工作的前沿阵地，思想政治理论课是这片阵地上的有力武器。在复杂的社会环境中，思想政治理论课的课程内容和课程效果都会受到影响，这就要求思想政治理论课建设要根据时代条件不断作出战略调整。从各级主管部门到学校相关部门层层都要落实好各自的责任，协同为思政课的改革创新提供充分的制度和物质保障，才能应对社会环境各方面变化带来的挑战，提升思政课质量，巩固主流意识形态的指导地位，培养一批又一批坚定的社会主义建设者和接班人。

---

① 习近平. 高举中国特色社会主义伟大旗帜 为全面建设社会主义现代化国家而团结奋斗：在中国共产党第二十次全国代表大会上的报告 [N]. 人民日报，2022-10-26（1）.
② 习近平. 思政课是落实立德树人根本任务的关键课程 [J]. 求是，2020（17）：7.

第二，协同推进思想政治理论课建设是根据青少年身心发展的一般规律进行有效的教育教学活动的必然要求。习近平总书记指出："青少年是国家的未来和民族的希望。"① 青少年是否接受到良好的教育关系到我们民族的未来发展大计。要使思想政治理论课的教育效果更充分地体现在青少年的成长变化中，就要研究青少年身心发展的一般规律，根据其需求制订教学计划。一方面，"人的成长、成熟、成才不是一蹴而就的，而是一个渐进的过程"②，要根据学生的成长铺陈好各个阶段的思想政治理论课，就需要依据学生的接受程度协同好不同学段的教材制定、课程内容、教学方式等，达到循序渐进的教育效果。另一方面，青少年是生活在社会关系中的人，他们在接受思想政治理论知识的同时，还要面对鲜活的现实生活世界，在接受各种观念中逐渐形成自己的世界观。当社会和家庭环境同学生在课堂上接受的价值观教育存在较大差异甚至相反时，就可能造成学生思想观念的左摇右摆甚至价值混乱。只有社会、学校、家庭协同起来，才能充分发挥思想政治理论课对青少年的教育效用，为青少年的成长共同筑就良好的发展环境。

第三，协同推进思想政治理论课建设是落实党中央关于加强思想政治理论课建设决策部署的重要体现。思政课承担着重要的教育责任，"办好思想政治理论课意义重大"③，从微观来说关系到每一个学生的成长轨迹，从宏观来说关系到党和国家的千秋伟业。"我们党历来高度重视思政课建设"④，革命、建设、改革的每一个历史时期，我们都会根据所处的时代条件专门部署符合时代需要的思想政治理论课建设，从上到下协同重视思政课建设是我们党的历史传统。党的十八大以来，习近平总书记更是对思想政治理论课建设格外关注："教育工作别的方面我也强调，但思政课建设我必须更多强调。"⑤ 协同推进思想政治理论课建设要求从党中央到各级党委的纵向协同，学校内部对思政课建设的分工协同，这是落实党中央关于加强思想政治理论课建设决策部署的重要体现。

第四，协同推进思想政治理论课建设是各相关方面共同实现培养目标

---

① 中共中央文献研究室.习近平关于青少年和共青团工作论述摘编［M］.中央文献出版社，2017：52.
② 习近平.思政课是落实立德树人根本任务的关键课程［J］.求是，2020（17）：7.
③ 同②：4.
④ 同③.
⑤ 同②.

的必然要求。教育要设定预期的培养目标。思想政治理论课是有着特殊历史责任的课程。习近平总书记指出:"我们党立志于中华民族千秋伟业,必须培养一代又一代拥护中国共产党领导和我国社会主义制度、立志为中国特色社会主义事业奋斗终身的有用人才。"[①] 思想政治理论课承担着以社会主义核心价值观教育培养社会主义建设者和接班人的重要使命。这一教育目标区别于简单的知识传授,而是对民族和国家的繁荣发展具有更深层次、更久远的影响。单一的育人主体力量是有限的,对于价值观教育来说需要调动各方面的力量共同参与,实现全过程育人、全方位育人,才能完成这一目标,提高育人实效性。

2. 应对当前思想政治理论课协同性建设存在的多方面不足的必然选择

习近平总书记多次强调协同推进思想政治理论课建设的重要性,并指出目前思想政治理论课协同性建设存在的多方面不足。他强调:"学校、家庭、社会协同推动思政课建设的合力没有完全形成,全党全社会关心支持思政课建设的氛围不够浓厚。"[②] 当前,思想政治理论课协同性建设存在的不足表现在以下两个方面。

第一,思想政治理论课内部建设存在的不足。一是"大中小学思政课一体化建设需要深化"[③],当前建设中还存在着各学段缺乏交流、彼此割裂的状况,要打破这种局面协同发展各学段思政课,就要在培养目标、体制机制、教师队伍、课程设置、教材内容、教学资源、教学方法、评价体系等方面统一标准、加强建设。二是思想政治理论课的教学方式的协同性问题,在从灌输式到启发式的教学方式转变过程中没有找到一个较好的平衡点,还需要探索以多种教学方式协同推进实现教育目标;实践教学中同样存在着一些形式主义、偏离思政育人目标的问题,要从顶层设计、教师队伍、社会联动等方面协同理论教学与实践教学的教学方式;传统的思政课堂上存在着教师简单说教、单向传输的问题,课程改革后又出现了过分强调学生主体性地位造成课堂娱乐化倾向问题,要避免出现这两种问题,就要正确认识教师主导性与学生主体性的关系,协同上好思政课。三是"各类课程同思政课建设的协同效应还有待增强"[④],各类课程同思政课同向同行,就是将以显性思想政治教育形式的思政课程同隐形思想政治教育形式的课程思政结合起来,共同形成教育合力。目前各类课程和思政课程从教

[①②③④] 习近平. 思政课是落实立德树人根本任务的关键课程[J]. 求是, 2020 (17): 7.

育目标、教育内容等各方面都还没有形成较强的协同效应。

第二，思想政治理论课的外部保障存在的不足。一是各方面还未完全形成合力为思想政治理论课建设提供保障，有的相关部门和个别层级单位还不够重视思政课建设，一些保障措施不足以支撑思政课教师充分发挥积极性和主动性。二是当前思政课建设中"体制机制还有待完善，评价和支持体系有待健全"①。制度保障是思想政治理论课建设的根本性保障，要推进思政课改革创新发展，就要完善各种体系机制，以清晰的体系规划协同推进思政课建设和长远发展。三是家校合作还有待深化，当前有部分家长不重视孩子的思想政治状况，并没有认识到这是决定青少年成长成才的关键环节。实际上，这一环节出了问题将会对孩子的成长造成难以挽回的影响。同时，家庭和学校双方也缺乏对家校合作理念的科学认识，未能形成长期有效的合作机制。

二、协同推进思想政治理论课建设的作用机制

内因是事物变化发展的根据。协同推进思想政治理论课建设的作用机制在于思想政治理论课建设本身。协同推进思想政治理论课建设，要以协同思维促进不同学段相协同、教学方式相协同、各类课程相协同。只有建立起协同推进思想政治理论课建设的作用机制，才能真正推动思想政治理论课的改革创新，增强思想政治理论课实效性。

1. 学段协同：促进大中小学思政课一体化建设

大中小学思政课一体化建设是协同建设思想政治理论课的重要体现。习近平指出："要把统筹推进大中小学思政课一体化建设作为一项重要工程。"② 大中小学思政课一体化建设就是要在科学把握学生成长认知规律、教育工作规律的基础上，分析大中小学不同学段思想政治理论课的差异与关联，明确目标导向，贯通教育理念，协调教育内容，实现不同学段思想政治理论课的循序渐进、螺旋上升。

第一，要统一人才培养总目标，并厘清各学段分目标。思想政治理论课是培养拥护中国共产党领导、认同中国特色社会主义制度、为人民服务的社会主义建设者和接班人的课程，这个总目标毋庸置疑是引领各学段课

---

① 习近平. 思政课是落实立德树人根本任务的关键课程 [J]. 求是，2020（17）：7.
② 同①：16.

程建设的总指引。同时又要有各学段思政课程的具体目标，小学阶段要重在启蒙道德教育，引领学生明辨是非，有初步的国家认同、民族认同意识；中学阶段要以理性知识为学生打牢思想基础、提升政治素养；大学阶段要重视价值观教育，使大学生系统地认识中国特色社会主义道路、理论、制度和文化，增强使命担当。在具体的课程目标设置中，要统筹各学段目标衔接，形成统一的、呈现螺旋上升的人才培养目标体系。

第二，要强化大中小学思政课一体化体制机制建设。一是要做好顶层设计，通盘考虑思政课一体化建设的谋篇布局并督促相关部门落实；二是要确立具体的科学有效的保障机制，完善大中小学思政课交流机制、评价机制、激励机制、管理机制、保障机制等，从制度上确保一体化建设顺利开展。

第三，要实现大中小学思政课资源的共建共享。要充分统筹利用资源，建设线上教学资源共享平台，建设思政课资源数据库，使图书期刊、视频音频等教育资源充分发挥最大价值。大学作为拥有更多优秀资源的平台，要主动同中小学建立联系、结对共建，将科研成果转化为现实资源。

第四，要加强大中小学思政课师资队伍一体化建设。当前大中小学思政课教师还未完全形成一个衔接整体，无法有效就教学目标、教学内容、教学方法等实现沟通交流，因而要建立起良好顺畅的沟通体系，为大中小学思政课教师交流互动提供平台。要打造一体化备课平台，开展不同学段思政课教师的定期联合备课，根据备课需求及时调整教学方法与教学内容；要加强定期的研修培训，各学段思政课教师总结介绍本学段的教学状况，并对其他学段的课程建设提出建议；要促进大中小学思政课教师的学术交流，共同推动思政课程的学科建设；高校马克思主义学院要主动发挥辐射作用，同中小学思政课教师开展结对活动，对接中小学思政课教师队伍建设。

第五，要推进大中小学思政课教材一体化建设。既要注意各学段的教材内容的区别性，不能简单重复，有过多不必要的交叉重叠内容，根据不同学生成长要求分层设计教材内容；又要保证各学段教材内容的衔接性，层层递进教育主题，每一学段的教学内容都要为下一学段打好基础、做好铺垫。

第六，要通过不同的教学方式衔接大中小学思政课程。不同阶段的学生成长规律不同，接受知识的能力也不同，小学阶段要重在以潜意识引导的教学方式进行启蒙教育；中学阶段要将理论教学同实践教学结合起来引导学生认识世界；大学阶段的思政课则要重在以理论探究的方式培养学生自觉形成正确的价值观。

第七，要促进大中小学思政课程评价一体化。要有完善的评价体系，才能评估出一体化进程是否有效落实。要从组织格局层面评价各地区、各学校的大中小学思政课一体化建设平台搭建程度、保障机制落实程度等；要从教学主体层面将一体化建设纳入思政课教师考核重要指标中，作为教学质量的重要评价依据之一；要以评促改，将评价中发现的问题及时反馈改进，推进大中小学思政课一体化建设不断深入推进。

2. 教学方式协同：以多种教学方式协同推进教育目标

习近平总书记指出："要在教学过程中进行多样化探索，通过多种方式实现教学目标。"① 要通过创造性的工作把教材中的基本结论和简要论述讲出来，就是要注意教学方式的运用，教学方式直接影响着思想政治理论课的效果，多样化的教学方式能增强课程的针对性和实效性。思想政治理论课要以多种教学方式协同推进教育目标，既坚持马克思主义理论教育的基本方法，又结合时代发展进行教学改革。

第一，要"坚持理论性和实践性相统一"②，推动思政小课堂同社会大课堂相结合。习近平总书记强调："要高度重视思政课的实践性，把思政小课堂同社会大课堂结合起来。"③这就是要把理论教学和实践教学结合起来，协同运用课堂内外的思想政治教育资源。一要协同思政小课堂同社会大课堂的育人目标。思想政治理论课的理论教学和实践教学最终都要回归到立德树人的教育目标上，二者要相互呼应，以理论关照现实，以现实回应理论，为学生的知行合一创造良好的氛围，引导学生在坚定理想信念的基础上成长为对社会有用的人才；要协同思政小课堂同社会大课堂的育人资源，思想政治理论课教师可以参与到日常的思想政治教育工作中，同实践教学环节的队伍交流教学中出现的问题与解决路径，形成互助协同的两支队伍；要协同思政小课堂同社会大课堂的评价机制，要把实践教学环节纳入到思想政治理论课评价体系当中，协同评价理论教学同实践教学的育人效果，避免实践教学成为走过场、走形式的无效环节；要协同思政小课堂同社会大课堂的保障机制，为理论教学和实践教学协同提供经费保

---

①②③ 习近平. 思政课是落实立德树人根本任务的关键课程［J］. 求是，2020（17）：13.

障,避免因经费不足而无法展开教学活动的情况。二要把社会现实融入到思政课堂中。思政课堂要以社会现实为切入点,分析探讨社会舆论热点问题、剖析错误社会思潮,将现实与思想政治理论课程衔接起来,自然地引入到课程内容当中,增强理论的时代感;还要引导学生将学到的理论知识反过来应用到社会现实中,在有了知识基础之后以不同的理解层面、眼光高度认识社会现实,以马克思主义立场、观点、方法认识和解决问题,自觉将理论性与实践性统一起来,强化情感信念,做合格的社会主义建设者和接班人。三要通过实践教学连接思政小课堂与社会大课堂。校内可以开展班级活动、社团创建、专题竞赛等形式的实践活动,校外实践则可以积极利用各种红色旅游资源开展基层调研、参加志愿服务活动等。要联动一切可利用的社会资源增强思想政治理论课程实效。

思政课教师要增强把思政小课堂同社会大课堂结合进教学过程中的改革创新能力,创新教学方式方法,巧妙地把理论问题同社会现实结合起来,以实践性提升理论教学的亲和力和感染力,以理论知识总结实践教学的意义。

第二,要"坚持主导性和主体性相统一"①,教师与学生协同上好思政课。习近平总书记指出:"思政课教学离不开教师的主导,同时要坚持以学生为中心,加大对学生的认知规律和接受特点的研究,发挥学生主体性作用。"②这就要求协同思政课教师的主导性与学生的主体性,通过双向互动共同上好思政课。

思想政治理论课教学必须充分发挥思政课教师的主导作用。思想政治理论课能否讲好关键在教师,不仅因为马克思主义理论课程是以学理性、知识性为基础的,必须通过教师的讲解来引导学生悟出其中的价值性、政治性;还因为无论采取何种教学形式,怎样发挥学生的主体性作用,都取决于课程教师的教学风格。所以,思政课教师必须利用好这种主导性,努力提升教师素养,做到政治强、情怀深、思维新、视野广、自律严、人格正,担负起"给学生心灵埋下真善美的种子,引导学生扣好人生第一粒扣子"③的重任。

思想政治理论课教学要充分发挥学生的主体性。思想政治理论课的育人目标最终是落到学生身上的。教师主导的对象是学生,学生作为主体积

---

①② 习近平. 思政课是落实立德树人根本任务的关键课程 [J]. 求是,2020 (17):13.
③ 同①:9—10.

极主动参与到课堂中，才能发挥出教师的主导作用。因此要充分尊重学生主体地位，认识到每一个个体的独特性与创造性。学生自觉自愿地接受政治教育与价值引导，才能最大限度地发挥出思想政治理论课的教学效果。

思想政治理论课教学要双向建构教师与学生的关系，协同推动思政课改革创新。思政课教师要研究学生认知规律和接受特点，从学生的角度出发设置课程目标、教学内容，采用学生喜闻乐见的教学方法，设计小组研学、课堂辩论、学生展示等教学环节，为学生主体性的发挥创造条件，建立与学生和谐良好互动的课堂氛围。学生要正确认识自身的主体性地位，在思想政治理论课课堂上积极主动发现问题思考问题，同时也要配合教师的各项工作，不能过分自由。总之，思政课教学师生双方都要围绕立德树人目标全身心投入到思想政治理论课堂中，教师的主导性和学生的主体性都要充分得到尊重，才能以最好的状态协同推动思政课堂教学方式的改进创新。

第三，要"坚持灌输性和启发性相统一"①，在实际的教学过程中要统筹好灌输式教学与启发式教学。一方面，思想政治理论课决不能放弃灌输式的教学方式。思想政治理论课是具有鲜明意识形态的课程，有着明确的政治立场和价值导向。坚持灌输性就是坚持马克思主义的指导地位，坚持以马克思主义中国化最新成果铸魂育人，培养大学生的国家认同感、民族认同感、政治认同感，这是在任何时候都不能淡化甚至模糊的。但是灌输式的教学方法并不等同于填鸭式教育、教条式说教，它更要求教师的理论功底，要深刻把握教育内容的逻辑脉络，有意识、有目的、有计划、有组织地将教育内容传达给学生，做到以理服人。这就要求教师了解学生不同成长阶段的认知水平，注重话语方式，在不违背教育规律的前提下进行科学灌输。另一方面，思想政治理论课要积极探究启发式教学方式。启发式的思政课教学就是要求教师更多地考虑学生的学习动机，充分调动学生学习的能动性与积极性，尊重学生个体差异，引导学生自主地发现问题、思考问题、解决问题。要结合现代化的教育手段，针对不同年龄段的学生，应用多媒体教学资源开展体验式教学、探究式教学、应用式教学等多种教学方式，激发学生的学习兴趣和参与热情。

思政课灌输式教学注重内容教学，启发式教学则在探讨教学形式，但

---

① 习近平. 思政课是落实立德树人根本任务的关键课程 [J]. 求是，2020（17）：14.

是内容教学离不开形式助力，教学形式也离不开内容支撑。这就要求协同两种教学方式，把内容和形式科学有效地结合起来，增强思想政治理论课的实效性。

3. 课程协同：推动各类课程与思想政治理论课同向同行

思想政治教育教学要坚持显性教育和隐性教育相统一。自然科学课程离不开哲学思想的指导，其中蕴含着丰富的哲学方法、哲学观念。人文社会科学课程更是具有直接鲜明的价值观导向。运用好这些课程中的思想政治教育资源，是协同发展思想政治理论课的必然要求。这就要求挖掘各类课程中的思想政治教育元素，同思想政治理论课程保持政治立场、价值观念、育人目标等方面的一致性，将思想政治教育贯穿到各门课程的教育中，实现全课程、全员、全方位协同育人的良好效果。

第一，强调各类课程与思想政治理论课同向同行，首先要保证思想政治理论课程的主渠道地位。"思政课要做思想政治教育的显性课程。有人提出把思政课变成隐性课程，完全融入其他人文素质课程中，这是不对的。我们办中国特色社会主义教育，就是要理直气壮开好思政课。"[1] 培养社会主义建设者和接班人是中国特色社会主义教育的题中应有之义，在任何情况下，都决不能弱化思想政治理论课的地位，要从学分、课程设置、个人考核等方面强调思想政治理论课程的重要性。

第二，要完善各类课程同思想政治理论课协同育人的机制。一是要做好各类课程与思想政治理论课同向同行的顶层设计。要成立专门的领导小组主抓这项工作，把思政课程与课程思政的建设纳入学校总体发展规划当中，并确保各项政策能及时落实。要形成切实的指导意见推动行政部门、教学院系通力合作参与到课程建设中，统筹教育资源，提供物质支持与财政保障。二是要完善各门课程师资队伍协同育人机制。从数量上来说，要尽可能地吸收其他学科优秀人才参与到思政课建设中，加强马克思主义理论学科教师同其他各门课程教师的沟通交流，吸收哲学社会科学领域中具备马克思主义理论素养的优秀人才作为思政课兼职教师，以专题讲座的形式走入思政课堂。从质量上来说，要增强各门思政课教师的协同育人理念，促使其提升政治觉悟，坚定理想信念，承担起培养社会主义建设者和接班人的教育使命；要提高各门课程教师的协同育人能力，推动其把握国

---

[1] 习近平. 思政课是落实立德树人根本任务的关键课程 [J]. 求是，2020 (17)：14.

际国内形势，了解党情世情国情，正确认识政治性与学理性的关系，挖掘本门课程中的思想政治教育元素，不断提升自身理论修养与教学能力。三是要完善教学内容与方法的协同机制。在教学内容上，要通过集体备课等形式，加强思政课教师同其他课程教师的合作商讨，整合各门课程中的思想政治教育资源，打破专业课和思政课堂的隔阂。在教学方式上，各类课程教师要把思想政治教育元素放到恰当的教学环节中，对学生进行顺其自然的引导，达到事半功倍的效果。四是要完善教学评价协同机制。要通过合理的教学评价来认识各类课程同思政课程协同建设的效果，及时反馈其中的不足并加以改进。要通过多元化的评价体系考察课程思政的建设效果，并依据效果反馈，以科学有效的奖惩约束机制对参与课程思政建设的教师作出评判。五是要完善各类课程教师同思政课教师的沟通合作机制。思政课教师要主动参与到其他课程设计的思想政治教育元素讨论中，各类课程教师也要参与到思政课程的教学设计、教学研究中去，为达到更好的协同育人效果积极探讨、相互学习。六是以科研支撑解决各类课程同思政课协同育人中遇到的现实问题。要加大科研投入，全面调研课程推行面对的难题并总结分类提出可行的解决方案，把科研成果运用到各类课程同思政课协同育人的教学改革创新中。

三、协同推进思想政治理论课建设的环境支撑

推进思想政治理论课建设不仅需要其本身的要素之间协同，还需要支持协同推进的良好环境。协同推进思想政治理论课建设，需要各个环节共同针对现存问题提出解决方法并加以落实，从制度、物质、体系等各个方面为协同推进思想政治理论课建设提供良好的环境支撑。

1. 领导重视：从领导层面增强工作合力为思政课建设提供全面保障

思政课承担着培养社会主义建设者和接班人的重要教育责任，是党的思想政治工作的主阵地，党中央历来高度重视思政课建设。习近平总书记指出："各级党委要把思政课建设摆上重要议程，抓住制约思政课建设的突出问题，在工作格局、队伍建设、支持保障等方面采取有效措施。"[①] 就是要把对思政课建设的重视落实到各级党委、相关部门中，以各层级单位

---

① 习近平. 思政课是落实立德树人根本任务的关键课程［J］. 求是，2020（17）：15.

的工作合力协同为思政课建设提供全面保障。

第一,"要建立党委统一领导、党政齐抓共管、有关部门各负其责、全社会协同配合的工作格局。"②党的领导是办好一切事情的关键,坚持党委的统一领导是保证思政课建设的前提,各级党委承担着思想政治理论课程建设的主体责任。学校党委要认识到思政课建设的极端重要性,严格、科学地为思政课的改革创新作好顶层设计,完善思政课程的制度建设。党政领导要共同提高对思政课建设的重要性的认识,党政部门要协同推进思政课建设工作,相互协调配合,坚决落实党中央对于思政课建设的决策部署。各二级学院、单位等部门要各司其职,保证各项工作与思政课建设同向同行。同时还要走出学校开阔视野,整合社会上的思想政治教育资源走进思政课堂,为思政课改革创新提供新素材。

第二,协同做好思政课教师队伍建设工作。讲好思政课关键在教师,思政课教师的队伍建设是讲好思政课的基础性工程,各部门要协同做好这项工作。一要提高思政课教师队伍整体素质,严格思政课教师选聘标准、准入制度,完善现有思政课教师培养培训体系,以学术交流、考察学习、培训研修等多种形式推动思政课教师成长;二要壮大思政课教师队伍,既要从党政管理干部、优秀辅导员等中遴选出合适人才充实到思政课教师队伍中去,也要注重后备人才力量的培养,统筹马克思主义理论专业本硕博一体化培养,保证思政课教师队伍的高水平人才不断注入;三要优化思政课教师队伍结构,着力培养学科领军人物和学科带头人,培育大批有担当的骨干教师,增强思政课教师队伍的信心与决心。

第三,各部门要协同"加大培养和激励工作力度,落实各项政策保障"①。要充分调动思政课教师的积极性、主动性、创造性,就要提高岗位吸引力。要保证思政课教师的专项岗位津贴,提高思政课教师的工资待遇,解决好思政课教师的生活保障问题;要保证思政课教师的教学专项、科研、资料经费,为思政课教师的科研与教学工作提供全方位保障;要健全激励机制,对在教学与科研中取得实绩的思政课教师及时给予奖励,提高教师职业认同感与荣誉感;要完善思政课教师的职务评聘体系,解决好思政课教师的工作编制问题,从政策上作出统一明确规定并坚决落实。

2. 制度保障:完善思想政治理论课学科、教材、学术话语、评价体系

习近平总书记指出:"要加快构建中国特色哲学社会科学学科体系和

---

① 习近平. 思政课是落实立德树人根本任务的关键课程 [J]. 求是,2020 (17):15.

教材体系，推出更多高水平教材，创新学术话语体系，建立科学权威、公开透明的哲学社会科学成果评价体系，努力构建全方位、全领域、全要素的哲学社会科学体系。"① 协同思想政治理论课建设就是要落实这些要求，协同完善学科、教材、学术话语、评价体系。

第一，要构建起支撑思政课建设的学科体系。思政课程依托于马克思主义理论学科的发展，要为思政课的建设提供学科支持，就要构建起支撑思政课建设的学科体系，打牢课程建设的学科基础。一是要加强马克思主义理论学科建设，协同发展马克思主义理论学科下的六个二级学科，充分整合哲学社会科学各个学科的育人合力，为提升思政课的理论说服力提供学术支持、打好学科基础。二是要把思政课教学同马克思主义理论研究有机结合起来，既要有效地将科研成果转化为教学内容，也要把教学中遇到的热点难点问题作为科学研究的重要方向；以马克思主义理论研究成果反哺教学，突破教学中的热点难点问题以促进马克思主义理论研究。二者相辅相成、相得益彰。

第二，要不断完善思政课教材体系。教材为思政课提供教学素材、知识基础。时代和实践是不断发展的，党的理论创新成果也不断涌现。因此，要不断完善思政课教材体系。从教材内容来说，要保证教材的政治性，思政课教材的意识形态性是区别于其他教材的根本特征；要实现教材的科学性，在价值观输出的基础上确保内容符合逻辑、经得起实践检验；要注意教材的时代性，思政课教材应当是开放的体系，要充分反映马克思主义中国化的最新成果、中国特色社会主义的最新经验、本学科研究领域的最新进展；要加强教材的可读性，教材内容应当尽可能地贴近实际、贴近学生、贴近生活。从教材体系来说，应当丰富教材层次，考虑教材使用对象，配合统编教材出版辅助教学用书，打造立体化教材体系。

第三，要创新思政课程话语体系。思政课程的话语体系直接影响着课程效果。当前思政课话语体系存在着同学生精神文化需求不相适应、同思想政治教育学科发展不相适应的问题，需要及时创新思政课程话语体系。要创新思政课话语内容，紧贴时代热点，从学生关心关切的问题切入，增强吸引力；要创新思政课话语方式，倡导师生自由平等的对话方式，探索话语技巧，加强感染力；要把握思政课话语权，在重点热点问题上引导学

---

① 习近平. 把思想政治工作贯穿教育教学全过程 开创我国高等教育事业发展新局面 [N]. 人民日报, 2016-12-09 (1).

生积极参与、理性发声。

第四，要完善思政课程评价体系，确保思政课产生实效。一是要改革思政课教师的评价机制，通过改变评价占比引导教师将精力放在教书育人上，设立针对思政课教师教学、科研能力的评价标准，避免出现思政课教师被排斥在评价体系之外的情况。二是要完善思政课教学评价体系，要统一评价的价值取向，设立科学可行的评价指标，建立系统的评价内容，创造多样的评价方法，保证权威的评价结果。

3. 家庭支持：强化家校合作观念，健全家校合作机制

习近平总书记指出："思政课的学习效果和家长、家庭、家风的作用密切相关，要注重家校合作。"① 家庭教育是基础性教育，以潜移默化的方式影响着孩子的价值观形成。家庭教育与思想政治理论课的协同程度会对思政课的学习效果产生不可小觑的影响。开展家校合作可以让学校和家长都及时了解学生的思想动态，提升思政课的育人效果。

第一，要强化家校合作观念。成才要先成人，家长不能一味地把注意力集中在知识教育上，更应该明确自身在孩子德育方面的重要角色，要为培育孩子的正确价值观有意识地创造良好的家庭氛围，以身作则树立榜样。家长要积极配合学校的德育理念对孩子进行教育，学习正确的教育方法，以朋友等多种角色陪伴孩子成长，弥补学校无法及时地、有针对性地了解学生思想动态的空缺。学校要积极联系家长，帮助家长认识到自身在家校合作中的重要性，根据家长反馈的学生动态调整思政课育人方式和重点。

第二，要健全家校合作机制。以家校互动改革创新思想政治理论课建设是当前所缺失的部分，也是今后建设的重点，决不能流于形式、无疾而终，要从制度上保障家校能够长期和谐互动，通过建立家长委员会等形式把家校合作作为日常工作来进行，定期展开学校同家长的交流。学校要在机制保障下同家长沟通课程设置、人才培养模式等，双方就育人目标达成共识并就如何育人积极展开交流。

第三，要构造家校合作平台。对于家校距离较近的中小学，要保留传统的家访、家长会等渠道。高校学生一般离家较远，就要充分利用网络平台建立起家庭同学校的联系，通过论坛、社交群聊、公众号留言等形式拓

---

① 习近平. 思政课是落实立德树人根本任务的关键课程［J］. 求是，2020（17）：16.

宽家校沟通渠道，学校要通过网络平台向家长发布学生成长动态，并通过电子调查问卷等方式与家长进行交流互动，将互动结果反馈到思政课程建设中。

综上所述，思想政治理论课改革是一项系统性工程，既需要课程本身内部各要素的协同创新，又需要外部环境为其提供强有力的支持。内在因素和外部环境相结合，才能协同推进思想政治理论课建设。

后　记

思想政治理论课是思想政治教育的主渠道，是落实立德树人根本任务的关键课程，担负着对学生系统进行马克思主义理论教育的重要任务，历来受到党和国家的高度重视。2019年思想政治理论课教师座谈会上所形成的"3·18"讲话重要精神，为新时代高校思想政治理论课建设提出了高屋建瓴的要求，指明了新时代高校思想政治理论课改革创新根本遵循的方向和实现的路径。本书是一本专门研究高校思想政治理论课改革创新的著作，不仅能让读者在阅读的过程中思考高校思想政治理论课建设问题，而且能给读者提供教学模式的理论借鉴，创新思路，优化教学过程。

本书是在笔者发表的一些论文成果整合的基础上修改而成的一部专著。一些硕士研究生参与著作的补充完善工作。硕士研究生梅可欣、邝思晴、朱赫参与了第一章部分内容的补充完善工作；赵彩地、陈思缘、吕恩波、高洁、闫萍参与了第四章部分内容的补充完善工作。

本书的出版得到了辽宁省"兴辽英才计划"项目"习近平新时代中国特色社会主义思想蕴含的马克思主义立场观点方法研究"（XLYC2004017）、东北大学PBL教学法研究与应用项目"基于PBL的'马克思主义基本原理'课教学方法改革与创新研究"（PBL-JX2022yb013）、2022年度辽宁省高校思想政治理论课教学改革研究项目"党的二十大精神融入高校思想政治理论教学的原则与路径研究"、中央高校基本科研业务费项目（项目编号：N2313003）的资助。本书同时也是辽宁省高校思想政治理论课名师工作室"高校思政课问题导向教学模式研究"的重要研究成果。

本书的出版还得到了东北大学党政领导以及马克思主义学院、宣传部、教务处有关领导的大力支持，在此表示感谢！

限于作者的水平，书中难免有不妥之处，敬请专家和同行指正。

秦书生

2023年8月22日